智能社会治理丛书

丛书主编：刘淑妍　施骞　陈吉栋

本丛书由国家智能社会治理综合实验基地
（上海市杨浦区）组织策划和资助出版

高级别自动驾驶汽车法律责任研究

Study on Liability for Damage
Caused by High–Level Autonomous
Vehicles

陈吉栋　吴梦漪 等
—
著

上海人民出版社

——— 智能社会治理丛书 ———

总序

随着大数据、云计算、人工智能的研发迭代与应用的不断深入，社会治理迎来了智能时代范式转变。智能社会治理构成了中国式现代化的核心内容与重要保障。然而，智能社会治理的内涵为何？方法为何？如何规范？在世界范围内尚缺乏有效的理论支撑与实践经验，亟待理论、政策、实践的不断探索。习近平总书记高度重视人工智能的社会适用性问题，2018年10月31日，在十九届中共中央政治局第九次集体学习上指出，"要加强人工智能发展的潜在风险研判和防范，维护人民利益和国家安全，确保人工智能安全、可靠、可控。要整合多学科力量，加强人工智能相关法律、伦理、社会问题研究，建立健全保障人工智能健康发展的法律法规、制度体系、伦理道德"。遵循习近平总书记的重要指示，我国在智能社会治理领域进行了积极的探索，政府机关、高等院校、组织单位等均投身这一伟大实践。推动智能社会治理基础理论、方法路径与实践案例的研究，正当其时。这套智能社会治理丛书是同济大学与上海市杨浦区共建国家智能社会治理实验综合基地的研究成果，是基地全体成员共同致力于智能社会治理伟大实践、探寻智能社会治理基本规律的努力之一。

一、智能社会治理的实验探索与目标

与以往任何一种技术都不相同，人工智能既具有技术属性，也具备强烈的社会属性。人工智能天然包含着"辅助人类、增利人类、关怀人类"的技术理想，然而其治理情境却包含着复杂的伦理、道德和价值边界的判断。随着人工智能技术的持续迭代，人工智能的研发环境和应用场景的隐秘性和不透明性，给社会感知带来更多不确定性。建立在这一技术基础上的人工智能时代是一个高度技术化的社会形态，催生着更为系统且具有延续性的技术风险，也蕴含了治理智能社会风险的基因。发现、认知并有效防范智能技术被广泛应用所带来的可能风险，构成了当前人类共同面对的治理议题。

为了有效推进人工智能社会治理创新实践，探索可以复制推广的共同经验，2021 年 9 月，中央网信办联合国家发改委、教育部、民政部、生态环境部、国家卫建委、市场监管总局、国家体育总局等八部门正式发文，在全国布局建设十个国家智能社会治理实验综合基地和八十二家特色基地，表明了中国率先探索搭建一批智能社会治理典型应用场景，总结形成智能社会治理的经验规律、理论、标准规范等，为世界迈入智能社会贡献中国方案的决心。杨浦区联合同济大学成功入选国家智能社会治理实验综合基地建设名单。

二、基地的建设进展与特色

自入选至今，区校通过聚合多主体参与，整合多学科力量，共同致力于智能社会治理的探索与实践。以基地建设为牵引，推动城区智能场景建设及数字化转型不断发展。大创智数字创新实践区获评市级首批数字化转型示范区，打造了首个政企互动、企业共创的元宇宙园区平台"云上之城"，实现基于数字城市的数据资产汇聚与增值。央视东方时空"中国式现代化——高质量发展"特别策划栏目推出专题报道，聚焦关键词"更精细"，通过五角场街道"温暖云"、长白新村街道"智能水表"、控江路街道"智慧停车"、殷行街道"智慧车棚"四个典型案例，深度报道了杨浦区通过数字赋能基层治理，助力社区更精准地提供服务，更好地满足群众需求的成果。在中央网信办、国家发改委、教育部等八部门联合印发关于国家智能社会治理实验基地评估情况的通报中，杨浦基地入选工作进展明显、成效突出的综合基地名单，在全国十个综合基地评估中名列前茅！

　　智能社会治理在注重法治、德治、自治等社会治理模式之外，更聚焦于数治与数智对社会治理的影响及未来发展。智能社会治理是一种现代科技治理，强调技术规则的作用。为了探索智能社会风险的发现—识别—管理的根本规律，需要在更为开放的社会空间中，进行长时期、多场景、重开源的社会实验。为此，基地充分发挥同济大学综合性大学的学科优势与杨浦区丰富的场景优势，借助网络信息技术、大数据技术、人工智能识别技术等新兴科技手段，强调多元主体合作，宣传积极治理、敏捷治理的基本理念，探索通过技术规则来调整人的行为，推动治理对象与治理主体的不断对话与融合，最终达至伦理、法律与技术之间的新的动态平衡。

　　基地的建设离不开区校的密切协作，更源于科学的顶层规划。首先，重视场景建设。结合杨浦数字经济发展及基层治理创新实际，有序推进相关社会实验项目开展，形成《生成式人工智能风险评估框架（1.0）》《"社区云"治理平台运行效果评估》等专题研究成果，依托基地建设的人工智能合规服务中心落地成立，展现了融合式人工智能法律治理新场景。其次，强化多元参与。区校已联合举办了两届世界人工智能大会智能社会论坛，2024年7月将迎来第三次合作论坛，来自人工智能、公共管理、社会治理等各领域的国内外权威专家齐聚上海，共同研讨推动负责任的人工智能发展。最后，加强组织领导。区校联合成立基地建设领导小组，组长由双方党政主要领导担任。同时深化区校联动工作机制，组建基地专家委员会，由区校相关部门双牵头成立工作部（组），推动各项工作落实落细。这些努力体现了区校始终坚持为国家智能社会治理探索前沿议题、积累实践经验、形成规范导则的初心使命，诠释了区校一直在杨浦这一人民城市重要理念的首提地，不断探求"人民城市人民建、人民城市为人民"的责任担当。

三、丛书的定位与特点

相对于智能社会的复杂巨系统，实验探索总是很有限的。我们需要在现有基础上，时刻保持警醒、不忘初心，密切关注国际前沿课题，立足中国发展实践，以人民需求为本，持续推进社会实验内容，及时总结智能社会治理的基本经验，形成可供参考的有益经验。在2023年下半年，我们开始策划出版一套智能社会治理丛书，试图将理论探索成果与社会经验研究集中呈现，期待在我国智能社会治理的广阔实践中及时推送我们的成果，做好宣传，服务社会，帮助更多的人了解智能社会治理,理解这一任务的艰巨性、复杂性和可探索性,共同推动和完善中国社会治理现代化发展新格局的建设事业。

集结成册的丛书成果主要源于国家智能社会治理综合实验基地(上海市杨浦区)、上海市人工智能社会治理协同创新中心与中国(上海)数字城市研究院的研究与实践团队,旨在以实践给养理论研究,以理论研究支持实践工作并在实践工作中验证更新。我们计划围绕智能社会治理的国内外进展、国家智能社会治理的总体规划、数字中国建设方略等,结合国内外尤其是上海城市数字化转型的实践需求,长期持续组织出版。目前摆在读者面前的是丛书第一辑。细心的读者会发现,第一辑的三册图书聚焦自动驾驶、数字骑手与伦理案例等典型场景,研究方法体现了较强的跨学科特色,严格贯彻了丛书的设计初衷,具有较强的现实关怀与实践面向。丛书第一辑从选题到研究成果集中展示了同济大学新文科建设规划目标,也是学校大力倡导的人工智能社会治理研究的最新成果,具有鲜明的同济特色。

认识智能社会、阐释智能社会治理的理论体系与实践方案,是摆在全世界面前的根本问题。我们要为国家智能社会治理实践提供智识,我国要为世界提供智能社会治理的中国经验,均需要更多的智力与资源投入智能社会治理的研究中。我们也将在更大范围内联合人工智能科学技术、社会学、管理学、法学与伦理学学者,进一步完善实验方案、打造典型案例、探索理论研究,多方协同,多维发力,联合持续推出后续丛书。

最后,衷心感谢全国人工智能社会治理实验专家组尤其是组长苏竣教授对基地建设的长期关注与支持。本丛书的组织策划和资助出版得到国家智能社会治理综合实验基地(上海市杨浦区)的大力支持，从申请准备到通过中期评估，区校共建智能社会治理基地也在"实验"中度过了近三年的时光，在此对所有支持、帮助和参与共建工作的领导、同事、朋友，以及丛书的作者们一并致谢。

刘淑妍、陈吉栋、施骞

2024 年 6 月 16 日

目录

第三章

自动驾驶汽车法律责任影响因素

第四章

自动驾驶车辆交通肇事的刑事归责

第一章

数字交通背景下的自动驾驶汽车法律责任之问

随着5G、人工智能、大数据、云计算等创新科技走向成熟，数字交通也迎来关键发展期。交通是兴国之要、强国之基。党的二十大报告强调，要加快建设交通强国、数字中国。《数字交通"十四五"发展规划》明确提出，交通要全方位向"数"融合。《"十四五"交通领域科技创新规划》《数字交通"十四五"发展规划》《汽车产业中长期发展规划》《关于支持引导公路水路交通基础设施数字化转型升级的通知》等重要文件，明确了交通运输数字化转型、智能化升级、融合化发展的目标和实施路径，加强了政策保障和标准支撑，为数字交通建设发展创造了有利条件。2024年政府工作报告明确提出"要巩固扩大智能网联新能源汽车等产业领先优势"，自动驾驶汽车已成为新质生产力的典型应用。

在这一背景下人类即将面临交通方式的重大变革。1885年10月，德国工程师卡尔·本茨成功研制了世界上第一辆内燃机汽车，一举奠定现代汽车设计的基调。在之后的一个多世纪中，这种由动力驱动的非轨道承载车辆逐渐取代马车，成为人类出行的主要交通工具，实现从马车到汽车的革命。21世纪以来，新一代人工智能技术与交通运输融合发展，创造出自动驾驶汽车。这种不依赖人类驾驶员操控的智能汽车将人类从驾驶行为中解放出来，大幅降低因人为因素导致车祸的概率，有望成为重构道路交通系统的先导因素，实现从汽车到自动驾驶汽车的变革。

　　自动驾驶技术的不断成熟和应用，为汽车工业创造了智能化转型升级的发展新机遇，自动驾驶将是影响未来出行的关键技术之一。在自动驾驶技术发展战略上，全世界呈现两条技术路线：一条是"单车感知"自动驾驶技术方案；另一条是"网联感知"自动驾驶技术方案。[①] 两者的主要区别是"单车感知"不依赖外界环境的额外传感单元部署，主要依靠车辆自身装配感知系统进行车身周围环境信息的获取，而"网联感知"需要借助在路侧安装的额外的传感器、通信单元，以实现降低车身感知、计算能力的成本需求，拓展车辆的感知范围，提升车辆的感知精度。我国明确采取"单车智能与网联赋能协同发展"的技术方案。[②]

　　"随着自动驾驶的核心技术，如环境感知、路径决策规划、运动控制技术的不断成熟，以及车载硬件算力、通信性能的进一步提升，自动驾驶汽车已在部分城市开放道路进行测试和示范应用。由于行人等交通参与者的运动行为具有随机性，城市道路场景涉及的人、车混行交通对于自动驾驶汽车来说极其复杂。"[③] 人类从驾驶员

---

① 参见关志超：《数字交通基础设施加速自动驾驶与车路协同发展》，载微信公众号 ITS 智能交通，2021 年 2 月 7 日；杨宽：《"单车智能"和"车路协同"之争》，载《科技视界》2023 年第 25 期；石青川：《单车智能 VS 车路云一体化：从争议到走向融合》，载《中国经济周刊》2024 年 Z1 期。

② 2021 年，工信部装备工业一司参加世界智能网联汽车大会政策法规与标准体系主题峰会时，就强调坚持单车智能和网联赋能并行发展路径。2023 年，工业和信息化部、国家标准化管理委员会联合发布了新版智能网联汽车标准体系，以"到 2030 年，全面形成能够支撑实现单车智能和网联赋能协同发展的智能网联汽车标准体系"为总体目标。

③ 胡宏宇等：《自动驾驶汽车——行人交互研究综述》，载《汽车技术》2021 年第 9 期。

变成了乘客，面对真正运行汽车的智能驾驶系统，法律如何应对其带来的致害风险，如何平衡自动驾驶汽车带来的社会风险和商业创新？这是一个难以回答但必须回答的问题。

第一节　人类社会面临数字交通变革

一、数字交通的内涵与特征

数字交通的发展满足数字经济社会中民众不断增长的出行与运输需求，是当今世界交通运输发展的热点和前沿。明确自动驾驶汽车的法律责任之前，应当先分析、理解自动驾驶汽车产生所依靠的数字交通之宏观背景。

（一）数字交通的概念

交通指"人们借助某种运动方式，完成人或物的空间位置移动的过程"[①]，目前有铁路、公路、水运、航空、管道五种交通方式，这五种交通方式需要有不同的交通基础设施。[②]"所谓道路交通被认为是实现人或物在空间位置上的移动而在道路上所实施的移动"[③]，道路交通是一种运动过程，是交通参与者和交通工具在道路系统上进行地理和空间移动、变化的过程，是人、车、路组成的复合动态

[①] 郑才城、谭正江、毕华：《道路交通安全法学》，中国人民公安大学出版社 2022 年版，第 5 页。

[②] 李普：《关于交通与运输的含义及交通经济学问题的研究》，载《现代经济信息》2018 年第 12 期。

[③] 郑才城、谭正江、毕华：《道路交通安全法学》，中国人民公安大学出版社 2022 年版，第 4 页。

系统。根据道路交通活动形态特征，道路交通可分为动态交通和静态交通，如在道路上临时停车是静态交通，同为道路交通活动的一部分。目前对于自动驾驶的讨论主要集中在道路交通范畴下的自动驾驶汽车及相关内容。

数字交通是以数据为关键要素和核心驱动，促进物理和虚拟空间的交通运输活动不断融合、交互的现代交通运输体系。[①] 由此定义观察，数字交通的本质是数据闭环赋能体系，通过数据全域标识、状态精准感知、数据实时分析、模型科学决策、智能精准执行，实现交通的模拟、监控、诊断、预测和控制，解决交通规划、设计、建设、管理、服务闭环过程中的复杂和不确定问题，全面提高交通资源配置效率和安全运转状态，实现智慧交通的内生发展动力。[②] 因此，数字交通是覆盖海陆空的交通体系，但本书中的数字交通仅讨论以道路为基础的交通。

（二）数字交通的特征

数字交通是不同于传统交通的新一代交通形式，数字交通将先进信息技术与交通运输深度融合，以"数据链"为主线，构建数字化的采集体系、网络化的传输体系和智能化的应用体系，最终实现人、车、路、环境的全方位综合智能连接。[③] 交通运输部发布的《数字交通"十四五"发展规划》提出，"十四五"期间数字交通发展的总体任务可以分为"一脑、五网、两体系"。"一脑"是指打造综

---

① 交通运输部关于印发《数字交通发展规划纲要》的通知（交规划发〔2019〕89号）。
② 倪峰：《谈谈数字交通》，载《交通先导》2023年第3期。
③ 庄孝昆：《福建智慧交通综合行政执法建设探究》，载《中国交通信息化》2020年第2期。

合交通运输"数据大脑";"五网"包含构建交通新型融合基础设施网络、部署北斗5G等信息基础设施应用网络、建设一体衔接的数字出行网络、建设多式联运的智慧物流网络、升级现代化行业管理信息网络;"两体系"是指培育数字交通创新发展体系、构建网络安全综合防范体系。综合来看,我们可以从以下四个方面来理解数字交通:

1. 基础设施的智能化升级

在基础设施建设中,数字交通技术的应用以全面的感知能力为核心,以提升安全性、效能、服务品质为发展方向,不断升级数字化勘察设计、智慧基础设施、智能维护运营等。

2. 交通装备的智能化与高效率

在交通装备领域,数字交通致力于发展新型轨道交通系统、自动驾驶汽车等智能建造装备和新型载运工具,保障安全的同时降本增效。在道路交通方面,这意味着打造更"聪明"的车辆。

3. 运输服务的网络化与便捷性

在运输服务领域,数字交通的目标是为大众提供方便、经济、可靠的服务,如搭建MaaS(出行即服务平台)这样的一体化全流程出行平台以及实现全程电子票务服务等。

4. 行业治理的数字化协作

在行业治理方面,政府与企业之间的业务系统将实现在线协作、相互协同,为公众提供便捷的线上"一站式"政务服务。[①]

由上述特点可知,数字交通基于现代信息通信技术,由人、车、路、环境等多个子系统构成,以交通工具、道路、服务信息的

---

① 参见崔吕萍:《加快推进交通新基建,掌握创新发展主动权》,载《人民政协报》2022年11月1日,第5版。

收集、处理、发布、交换、分析、利用为重点，通过多层级、多方式、智能化的手段，为交通运输参与者等提供高效的互联、最佳的匹配、多样性的服务。[①]

二、数字交通中的车与路

数字交通的体系，核心是"车—路—云—网—图"五位一体多维高度协同，通过打造"聪明的车""智慧的路""强大的云""灵活的网""精确的图"，从而形成数字交通的基本构造。在数字交通"车—路—云—网—图"的整体架构中，路是基础，车是核心，限于篇幅与数字交通发展的现状，此处仅讨论"车—路"这一基础构造。

（一）自动驾驶汽车

1. 内涵

数字交通中"车"是指"聪明的车"——智能网联汽车（Intelligent Connected Vehicle, ICV）。虽然未来可能发展出海陆空跨域的智能运载工具，但现阶段数字交通的核心仍是智能网联汽车。作为人工智能技术应用较早和较为成熟的一个领域，智能网联汽车深度融合新一代网络通信技术，其研发与应用是革新汽车技术、提升产业水平的必经之路，该过程需要法律规则的引导与支持。

智能网联汽车，是指搭载先进的车载传感器、控制器、执行器等装置，并融合现代通信与网络技术，实现车与X（人、车、路、云端等）智能信息交换、共享，具备复杂环境感知、智能决策、协

---

① 参见宋爽：《数字经济概论》，天津大学出版社 2021 年版，第 180 页。

同控制等功能，可实现安全、高效、舒适、节能行驶，并最终可实现替代人来操作的新一代汽车。智能网联汽车通常也被称为智能汽车、自动驾驶汽车等。① 智能网联汽车融合了电子控制技术、人工智能技术、互联网技术、通信技术等多项新兴产业技术②，可代替自然人驾驶员完成对环境的感知、对路况的判断以及对车辆的控制。通俗而言，智能网联汽车让车不再是一个单独存在的个体，而是和外界相互联系的一个组织成员。我国对于自动驾驶汽车的界定同时强调网联性和自主性两个技术特征。③ 自动驾驶汽车不仅要具备自主能力，能够自主识别驾驶环境、规划路线和执行决策，还应当具备网联能力，实现车与各方互联互通。④

自动驾驶汽车所表现出的如下特征来自网联之后的数据处理和智能操作。其一，自动驾驶汽车与传统汽车的本质区别在于是否实现智能化。自动驾驶汽车实现了智能驾驶对人工驾驶的取代，自动驾驶系统取代人类驾驶员，但广泛存在的人机交互引发了一系列法律问题。现有法律制度预设的规则只调整人的行为，即法律主体、法律关系、法律行为、法律责任及法律监管都是围绕人来展开的。传统汽车仅作为出行工具，其引发的损害都被评价为人的行为，但自动驾驶汽车具有智能性和自主性，改变了人支配车这一"单向支配"，能够独立于人类驾驶员实施自主决策即"双向交流"，从而对

---

① 《智能网联汽车道路测试管理规范（试行）》第 28 条第 1 款。该定义在 2021 年《智能网联汽车道路测试与示范应用管理规范（试行）》第 37 条中继续沿用。

② 刘宪权：《涉智能网联汽车犯罪的刑法理论与适用》，载《东方法学》2022 年第1 期。

③ 郑志峰：《自动驾驶汽车的私法挑战与应对研究》，中国法制出版社 2022 年版，第26 页。

④ 柴占祥、聂天心、[德] Jan Becker 编著：《自动驾驶改变未来》，机械工业出版社2017 年版，第 39 页。

现有法律制度构成了全方位的冲击。无论是刑法领域对自动驾驶汽车刑事责任的认定①，还是根据《民法典》《道路交通安全法》对机动车驾驶人交通事故赔偿责任的认定等，均会出现与传统汽车规制不同的情况。其二，自动驾驶系统所实现的高度智能实际上是海量数据学习的结果，易言之，数据化支撑了自动驾驶汽车的智能化，但也引发了普通用户对于隐私和个人数据保护的担忧。例如自动驾驶汽车用户的个人住址、常去的地址，甚至个人喜恶及家庭结构等私密性信息将会暴露于数据之下。智能网联汽车也可能会引发网络信息安全问题，给恶意者提供了可乘之机②，甚至会威胁社会公共安全和国家安全。

2. 自动驾驶分级

关于自动驾驶汽车自动驾驶的分级，国际上采用的标准是国际自动机工程师学会（Society of Automotive Engineers, SAE）发布的"六阶段分级法"的自动驾驶分级标准，汽车按照其自动化的程度分为全手动（level 0, No Automation）、驾驶辅助（level 1, Driver Assistance）、部分自动（level 2, Partial Automation）、有条件自动（level 3, Conditional Automation）、高度自动（level 4, High

---

① 参见刘宪权：《涉智能网联汽车犯罪的刑法理论与适用》，载《东方法学》2022 年第 1 期。

② 参见《菲亚特克莱斯勒美国公司因黑客风险召回 140 万辆车》，菲亚特克莱斯勒美国公司 7 月 24 日宣布召回旗下约 140 万辆存在软件漏洞的汽车，这是首次发生汽车制造商因黑客风险而召回汽车的事件。据美国媒体此前报道，两名黑客用计算机从 16 公里外成功入侵一辆多功能越野车的触屏车载无线电系统，并利用该系统存在的安全漏洞对车辆的方向盘、油门、刹车、收音机等功能进行远程控制。总部在密歇根州的菲亚特克莱斯勒美国公司在声明中说，被召回车辆涉及美国市场上"公羊""吉普""道奇"等菲亚特克莱斯勒旗下品牌近两三年的一些车型，这些车辆均配备这款触屏车载无线电系统，公司正在对这些车辆进行软件更新，以保障联网车辆免受黑客控制。

Automation）与完全自动（level 5, Full Automation）六个阶段。该分级指南于 2014 年 1 月首次发布，随后于 2016 年 9 月、2018 年 6 月、2021 年 4 月经历三次更新。2016 年 9 月，美国交通运输部明确将国际自动机工程师学会 2016 年所提出的 SAE J3016 标准确立为自动化及自动驾驶车辆的全球行业参照标准，用以评定自动驾驶技术。自此，SAE J3016 标准逐渐成为国际通用的标准，最新版本已经于 2021 年在国际自动机工程师学会的官网上公布（见表 1.1）。

表 1.1　SAE J3016 标准最新版本

自动驾驶分级		名称	定　义	驾驶操作	周边监控	接管	应用场景
NHTSA	SAE						
L0	L0	人工驾驶	由人类驾驶者全权驾驶汽车	人类驾驶员	人类驾驶员	人类驾驶员	无
L1	L1	辅助驾驶	车辆对方向盘和加减速中的一项操作提供驾驶，人类驾驶员负责其余的驾驶动作	人类驾驶员和车辆	人类驾驶员	人类驾驶员	限定场景
L2	L2	部分自动驾驶	车辆对方向盘和加减速中的多项操作提供驾驶，人类驾驶员负责其余的驾驶动作	车辆	人类驾驶员	人类驾驶员	限定场景
L3	L3	条件自动驾驶	由车辆完成绝大部分驾驶操作，人类驾驶员需保持注意力集中以备不时之需	车辆	车辆	人类驾驶员	限定场景
L4	L4	高度自动驾驶	由车辆完成所有驾驶操作，人类驾驶员无需保持注意力，但限定道路和环境条件	车辆	车辆	车辆	限定场景
	L5	完全自动驾驶	由车辆完成所有驾驶操作，人类驾驶员无需保持注意力	车辆	车辆	车辆	所有场景

2021 年，国家市场监督管理总局、中国国家标准化管理委员会发布《汽车驾驶自动化分级》(GB/T40429—2021)，将汽车驾驶自动化分为 6 个级别，分别为 0 级—5 级，即 0 级驾驶自动化（应急辅助）、1 级驾驶自动化（部分驾驶辅助）、2 级驾驶自动化（组合驾驶辅助）、3 级驾驶自动化（有条件自动驾驶）、4 级驾驶自动化（高度自动驾驶）和 5 级驾驶自动化（完全自动驾驶）。我国采用的"六分法"标准实质上与 SAE 自动驾驶分级标准相同。

在 SAE 标准下只有 L3、L4、L5 三个级别才能称为真正意义上的自动驾驶，即自动驾驶仅指 L3 级别至 L5 级别，具体包括有条件自动驾驶（L3 级别）、高度自动驾驶（L4 级别）与完全自动驾驶（L5 级别）三个阶段，应急辅助（L0 级别）、部分驾驶辅助（L1 级别）及组合驾驶辅助（L2 级别）均不属于自动驾驶，无法归入自动驾驶范畴。

综上，我国的汽车驾驶自动化分级的"六分法"标准与国际通用的 SAE 标准大致相同。这一分级方案已为自动驾驶汽车路测等领域的立法所采纳，作为立法与监管的依据。但是，在目前立法中，规定之间也存在矛盾之处。例如，国家推荐标准规定"对于 4 级驾驶自动化，系统发出介入请求时，用户可不作响应，系统具备自动达到最小风险状态的能力"；而《深圳经济特区智能网联汽车管理条例》规定"高度自动驾驶，在特定环境下自动驾驶系统提出动态驾驶任务接管请求时，驾驶人应当响应该请求并立即接管车辆。"①

（二）数字道路

道路是数字交通的核心基础设施，数字道路作为新基建的一部

---

① 冯珏：《自动驾驶汽车致损的民事侵权责任》，载《中国法学》2018 年第 6 期。

分，是智慧城市的重要基础和构成要素。在数字交通中，数字道路发挥着实现自动驾驶汽车车路协同的功能，也影响着自动驾驶汽车发展路径的选择。

1. 数字道路的建设情况

在传统交通规则体系下，"道路"是指公路、城市道路和虽在单位管辖范围内但允许社会机动车通行的地方。《道路交通安全法》对道路通行进行了一般规定并对高速公路等进行了特别规定。第三章对道路通行条件进行了规定和限制，主要包括对道路及其相关配套设施的规定，其中不仅有对道路交通信号的相关规定[①]，也有对道路使用需征得相关机关同意的规定。[②] 第四章规定了道路通行规定，分为一般规定、机动车通行规定、非机动车通行规定、行人和乘车人通行规定及高速公路的特别规定。

数字道路作为智慧交通建设的底座和基石，一直是智慧交通建设的重点。数字道路无论是物理建设还是规范设计均建立在传统道路基础上，数字道路的建设有助于实现对道路交通的动态化、智能化管理。数字道路建设将实现更为精准、及时且综合的道路通行状

---

① 《道路交通安全法》第25条规定："全国实行统一的道路交通信号。交通信号包括交通信号灯、交通标志、交通标线和交通警察的指挥。交通信号灯、交通标志、交通标线的设置应当符合道路交通安全、畅通的要求和国家标准，并保持清晰、醒目、准确、完好。根据通行需要，应当及时增设、调换、更新道路交通信号。增设、调换、更新限制性的道路交通信号，应当提前向社会公告，广泛进行宣传。"

② 《道路交通安全法》第32条规定："因工程建设需要占用、挖掘道路，或者跨越、穿越道路架设、增设管线设施，应当事先征得道路主管部门的同意；影响交通安全的，还应当征得公安机关交通管理部门的同意。施工作业单位应当在经批准的路段和时间内施工作业，并在距离施工作业地点来车方向安全距离处设置明显的安全警示标志，采取防护措施；施工作业完毕，应当迅速清除道路上的障碍物，消除安全隐患，经道路主管部门和公安机关交通管理部门验收合格，符合通行要求后，方可恢复通行。对未中断交通的施工作业道路，公安机关交通管理部门应当加强交通安全监督检查，维护道路交通秩序。"

况感知并采集车辆行驶轨迹，为城市交通信号控制优化提供丰富数据，具有良好的应用前景。

我国自 2012 年开始进行智慧交通建设，在过去十余年的时间里，已经完成从搭建各种基础应用系统的初级阶段、建设集成指挥平台以及大数据分析研判中心的中级阶段，向让数据帮助城市思考决策，打造能够自我调节、与人类良性互动的交通环境的高级阶段的转变。在现阶段需要借助云计算、大数据、人工智能等新一代信息技术，使道路变成可知、可测、可控、可决策的数字道路。道路成为可与路上交通要素交互信息、提供服务并大幅提升城市运行效率的新一代基础设施。

一般来说，"数字道路"应具备以下三个基本要素：一是道路基础设施的数字化还原，也就是对于道路交通标志标线进行数字化的还原，在虚拟世界构建出更多交通场景；二是设施装备的数字化还原，每个城市、每个路口都有较多设备，这些设备如何从一个孤立的装备变成一个一体化的智能体，这是设备数字化要解决的问题；三是交通状态认知的数字化，能够实时跟踪发现一些突发事件、拥堵事件，包括车辆、非机动车、行人等数据，并能够主动报警，最终实现管控策略的推演。但是，现阶段由于数字道路缺乏统一的建设标准，数字化、智能化在智慧交通场景应用方面，还存在着应用广度和深度不足的问题。

2. 数字道路标准规范的情况

道路标准是指为保障车辆、行人交通安全，为高速公路、普通公路、城市道路等各类道路的规划、设计、建设、维护和管理制定的统一规范。根据不同的用途和性质，中国制定了严格、科学的道路标准，包括高速公路、一级公路、二级公路、三级公路、城市道路、农村公路和其他专用道路。为满足不断增长的交通需求和日益提高的交通安全要求，我国的道路标准不断升级完善。具体来说，我国制定了一系列道路工程标准，对道路的设计、施工、使用、维护和管理进行了全方位的规定和规范，进一步提高城市道路的安全性和稳定性，例如《道路交通标志和标线》《城市道路交通工程项目规范》等促进了我国道路建设发展。

建设数字道路需要用相关技术标准来指导实践。所谓数字道路标准规范是指为规范数字道路系统建设，统一技术标准，提高数字道路设计科学性和系统性，满足出行需求，保障行车安全的标准规范。数字道路标准规范不仅要包括总体要求、建设要求、智慧等级等基本规定，还应包括云控平台、边缘计算、路侧设施等支撑保障系统的内容。[1] 目前我国从中央到地方积极制定公布相应的数字道路标准规范，在《数字化智能交通基础设施技术要求》及《智能交通基础设施数字化技术规范》的指导下，我国各地方如浙江、湖北等分别制定适合本地特色和发展的数字道路标准规范，各地方标准明确道路及其附属设施的建设要求，兼顾一般车辆与自动驾驶车辆需求，体现智慧、节能等特点；明确感知和边缘计算系统的组成、功能、性能要求、设备参数等，应当能够适应自动驾驶车路级别。由于缺少统一建设标准，构筑数字道路又涉及多种数字引擎、不同数据链，各种设施和设备很难实现广泛互联，也无法实现交通全要素的数字化表达以及动静态数据的一体化呈现。现阶段，我国部分区域花费大量人力物力建设了实时车流数据、遥感、BIM、CIM 和高精地图等设施，但由于无法在同一个体系内实现表达，最终为交通系统带来的性质提升仍然有限。数字道路如何体系化、规模化建设，形成网络效应，成为全行业亟待突破的问题。

---

[1] 参见《智慧道路建设技术导则》和《上海市智慧高速公路建设技术导则》。

第二节 自动驾驶汽车的监管制度

一、自动驾驶汽车的发展现状

（一）自动驾驶引领未来出行走向"无人之境"

自动驾驶汽车已经成为我国汽车产业发展的战略方向。当今世界正面临百年未有之大变局，新一轮科技革命和产业变革方兴未艾，自动驾驶汽车作为人工智能与现代工业结合的最佳例证，已成为我国汽车产业发展的战略方向。第一，我国政府高度重视自动驾驶技术的研发与应用。2017 年国务院发布《新一代人工智能发展规划》，该规划明确将自动驾驶作为人工智能技术先行落地领域之一。2019 年，中共中央、国务院印发《交通强国建设纲要》，明确提出加强自动驾驶研发，大力发展智慧交通，加速交通基础设施网、运输服务网、能源网与信息网络融合发展等要求。2020 年以来，党中央多次就加快"新基建"作出部署，自动驾驶作为"新基建"的重要应用场景，受到了高度关注。第二，自动驾驶产业被列入"十四五"数字经济"重点新兴领域"。2020 年 12 月 30 日，我国交通运输部发布《关于促进道路交通自动驾驶技术发展和应用的指导意见》，意见指出，到 2025 年，建成一批国家级自动驾驶测试基地和先导应用示范工程，在部分场景实现规模化应用，推动自动驾驶技术产业化落地。2021 年 12 月 12 日，国务院印发的《"十四五"数字经济发展规划》中，再次提及将自动驾驶作为"重点新兴领域"。第三，自动驾驶法律制度的构建工作方兴未艾。2020 年 2 月 24 日，国家发改委、工信部、科技部等 11 个部门联合发布《智能汽车创新发展战略》。《智能汽车创新发展战略》提出，"鼓励有条件的地方开展城市级智能汽车大规模、综合性应用试点",要"开展智能汽车'机器驾驶人'认定、责任确认、网络安全、数据管理等法律问题及伦理规范研究,明确相关主体的法律权利、义务和责任等",此处智能汽车包括自动驾驶汽车。2023 年 11 月 17 日,工业和信息化部、公安部、住房和城乡建设部、交通运输部联合发布《关于开展智能网联汽车准入和上路通行试点工作的通知》,旨在"通过开展试点工作,引导智能网联汽车生产企业和使用主体加强能力建设,在保障安全的前提下,促进智能网联汽车产品的功能、性能提升和产业生态的迭代优化,推动智能网联汽车产业高质量发展"。同时基于试点实证积累经验,加快健全完善智能网联汽车生产准入管理和道路交通安全管理体系。

自动驾驶汽车可以实现良好的社会效益与经济效益。第一,自动驾驶汽车有望提升道路安全。世界卫生组织《2018 年全球道路安全现状报告》统计显示,全球每年约有 135 万人死于道路交通事故,相当于每 24 秒就有 1 人因交通事故丧命,道路交通伤害已经成为全球第八大死因,另外还有 2000 万人至 5000 万人受到非致命伤害。[①]据统计,在道路交通事故中,由驾驶者人为因素导致的事故占 90% 以上。[②]自动驾驶技术可以减少由于疲劳驾驶、注意力不集中、操作失误等人为因素导致的交通事故。第二,自动驾驶汽车可以缓解交通压力。自动驾驶汽车可以实时获取当前路况,规划最优出行路线,充分利用道路资源,有效提高道路通行能力。有研究机构认为,一旦自动驾驶汽车占据多数,仅需当前汽车数量的 30%

[①] Global Status Report on Road Safety 2018.

[②] 中国汽车技术研究中心有限公司、同济大学、百度 Apollo:《自动驾驶汽车交通安全白皮书》。

即可满足出行需求。[1] 第三，自动驾驶汽车可以提高生产效率。在港口、场站、工地、煤矿等作业时间长、劳动强度大的场景中，自动驾驶汽车可以 24 小时运行，大大提升生产效率，在当前试点应用中已经取得良好的效果。此外，在干线物流、无人配送领域，自动驾驶汽车也具有广阔应用前景。未来自动驾驶将引领出行走向"无人之境"。

自动驾驶还是智慧城市建设的重要部分。当前的城市交通规则均是围绕普通汽车设立的，而在智慧城市的构想中，未来智慧城市的管理将会产生动态的路权分配体系，可以通过数据和精细化的交通管理来精确分配车辆的行驶路线，这些都将直接影响自动驾驶汽车的行驶逻辑。对此，工信部于 2022 年 3 月 18 日发布的《2022 年汽车标准化工作要点》提出，"协同推动智慧城市网联基础设施相关标准制定，支撑智能网联汽车与智慧城市基础设施、智能交通系统、大数据平台等的互通互联"。

（二）自动驾驶商业化进程加快

为加快自动驾驶汽车产业发展，落实自动驾驶场景商业化应用方案，2021 年 5 月，住房和城乡建设部、工业和信息化部将北京、上海、广州、武汉、长沙以及无锡六个城市作为智慧城市基础设施与智能网联汽车协同发展第一批试点城市。

我国各大城市加大先行先试力度。以北京、上海和武汉为例，根据北京市高级别自动驾驶示范区于 2023 年 5 月发布的《北京市高级别自动驾驶示范区建设发展报告（2022）》[2]，该示范区在体系建

---

[1] *From Horseless to Driverless*, https://www.economist.com/the-world-if/2015/07/30/from-horseless-to-driverless.

[2] 参见《北京市高级别自动驾驶示范区建设发展报告（2022）》。

设、政策监管以及产业生态三个方面建设成果显著。在体系建设上，示范区实践车路云融合技术路线，充分发挥城市级工程试验平台势能，例如组织企业研发三模 OBU，累计安装 700 余台，路端实现 60 平方公里车路云一体化功能全覆盖；在政策监管上，加速推进政策法规标准化进程，北京市人大常委会 2024 年立法工作计划表示，拟于 2024 年 9 月对《北京市自动驾驶汽车条例》进行第一次审议并于 11 月进行第二次审议、表决；在产业生态上，聚焦关键环节自主创新，引领产业生态集聚。2022 年 11 月 23 日，上海市第十五届人大常委会第四十六次会议表决通过了《上海市浦东新区促进无驾驶人智能网联汽车创新应用规定》，自 2023 年 2 月 1 日起正式施行，为无人驾驶智能网联汽车创新应用确立了顶层架构，率先在立法上驶入"无人之境"。武汉市积极打造世界级自动驾驶之城。在体系上，武汉市积极建设国家级智能网联汽车示范区和双智城市，建成车路协同测试道路 123 公里，全面覆盖 5G 信号、路侧感知设备和车路通讯系统；建设北斗高精度定位基准站 10 个，实现全域北斗高精度 RTK（实时动态）定位信号覆盖；建成世界唯一 F2 级赛道与 T5 级测试场结合的封闭测试场——武汉智能网联汽车封闭测试场。在政策管理上，武汉市出台包含远程驾驶商业试点的《武汉市智能网联汽车道路测试和示范应用管理实施细则（试行）》并制定《武汉市智能网联汽车发展促进条例》，建设市级智能网联汽车监管平台，平台累计接入智能网联示范运营车辆 700 台，智能网联汽车测试总里程超过 1500 万公里，测试总时长超过 60 万小时。在产业生态上，武汉市实施车规级自动驾驶芯片、智能网联车路协同计算平台等市科技重大专项，全市累计开放测试道路里程已突破 3378.73 公里（单向里程），覆盖武汉 12 个行政区，辐射面积约 3000 平方公里，触达人口超 770 万人，开放里程和开放区域数量保持全国第一，也成为全球最大的自动驾驶出行服务区。

自动驾驶企业积极探索自动驾驶商业化道路。谷歌 Waymo、通用 Cruise、百度、小马智行、文远知行等积极探索自动驾驶商业化道路，自动驾驶出行服务商业模式逐渐清晰。基于自动驾驶技术向社会公众提供出行服务的汽车 Robotaxi 是当前自动驾驶商业化落地的核心领域，也是各国自动驾驶竞争的主要赛道。早在 2019 年美国加州车辆管理局（DMV）就公布了《2019 年自动驾驶人工接管报告》(2019 Autonomous Vehicle Disengagement Reports)，有 64 家机构获得美国加州城市上路测试资格，有 36 家机构在公共道路上进行了自动驾驶测试。其中，Waymo 以 234 万公里测试里程遥遥领先，其次是 Cruise 的 133 万公里测试里程，值得一提的是国内百度、小马智行等企业也在当年进行了路测。

二、自动驾驶汽车的管理

作为一种复杂的人工智能系统，无论是驾驶辅助等级的驾驶系统，还是进阶的自动驾驶等级的驾驶系统，其功能的研发、习得及最终商业化落地，都须经过大量的场地测试与道路测试。① 自动驾驶汽车的管理策略包括准入制度、测试与应用管理以及运营管理。为促进自动驾驶汽车产业发展，我国对自动驾驶汽车实施全流程的管理，推动自动驾驶汽车的道路测试、示范应用、示范运营与商业化运营等治理流程，这一治理途径坚持了沙盒监管的基本规律，本

---

① 参见张欣、赵精武、傅鹏：《迈向自动驾驶时代：全球自动驾驶规则要览》，对外经济贸易大学出版社 2023 年版，第 318 页。

质上是在遵循现行法的基础上，完善了法规环境，开创了一种宽容创新的实验监管路径以支持技术创新和商业化进程。

（一）自动驾驶汽车准入制度

我国对机动车进入市场实行准入管理制度[①]，然而，现阶段自动驾驶汽车缺少统一技术标准，尚未建立相应准入标准。[②] 自动驾驶汽车行驶运营准入规则和标准不仅是保障产业良好健康发展的重要准则，更是保障公共安全的重要规则。

准入制度解决的问题是什么车可以上路。私权行使以自由为原则，但不受限的私权自由极可能导致市场失灵，此时便存在国家干预的空间，市场准入机制本质上就是一类国家在制度层面为公共利益而干预市场的事前手段。[③] 就机动车的市场准入机制而言，该制度是为了将不具有生产机动车能力的企业排除在外，以避免市场上出现具有安全隐患的机动车危害公众。因此，传统机动车的市场准入条件较为严格，以我国为例，机动车产品只有满足相应国家标准，获得车辆产品检验说明，进入工信部《道路机动车辆生产企业及产品》等公告目录，才有生产、销售的可能，即"符合国家标准＋进入公告目录＝市场准入"。问题在于，由于缺乏相应国家标准，自动驾驶汽车很难进入我国道路机动车辆生产目录，遑论生产上市。从国内外的实践来看，现阶段自动驾驶汽车的市场准入分为两种：设置专门准入条件与豁免现行准入条件。

---

① 参见李晨贞、张建华、李月华：《国内外汽车市场准入现状分析》，载《小型内燃机与摩托车》2015 年第 44 期。

② 参见杨姗、张莎莎：《论自动驾驶汽车发展的法律障碍与应对》，载《西南交通大学学报（社会科学版）》2023 年第 1 期。

③ 参见王兰：《商事登记与市场准入关系的法经济学思辨》，载《现代法学》2010 年第 2 期。

1. 准入条件

欧盟 UN-R157 以及我国《深圳经济特区智能网联汽车管理条例》针对自动驾驶汽车，设置了专门的市场准入条件。自动驾驶汽车满足相关准入要求后，即可进入市场生产、销售。

2020 年 6 月 24 日，联合国欧洲经济委员会（UNECE）车辆法规协调世界论坛上通过了《关于自动车道保持系统车辆认证统一规定》（UN Regulation No.157，以下简称"UN-R157"），并决定该法规于 2021 年 1 月起实施。在认证申请上，UN-R157 遵循"申请—测试—批准"的流程，自动驾驶汽车获批之后便可量产。根据 UN-R157 第 3 条，申请自动车道保持系统（ALKS）车辆类型认证的，应当提供包括自动车道保持系统的基本设计、与其他车辆系统连接方式或直接控制输出变量的方法等附件中提及的文件，代表车型应当送至技术服务部门进行认证测试。根据 UN-R157 第 4 条，如果根据本法规提交的车辆类型符合第 5 节至第 9 节的要求，则应批准其申请。

《深圳经济特区智能网联汽车管理条例》首次在国内创造地方自动驾驶汽车产品目录，允许自动驾驶汽车在满足国家标准或深圳地方标准之后进入该目录。只有进入该目录或国家自动驾驶汽车产品目录的自动驾驶汽车才能在深圳销售、登记。具体而言，深圳的做法是"企业申请准入—审查是否满足标准—决定是否列入目录"。《深圳经济特区智能网联汽车管理条例》第 20 条授权深圳市工信部门组织制定智能网联汽车产品地方标准，并根据智能网联汽车生产者的申请，将符合地方标准的智能网联汽车列入深圳市智能网联汽车产品目录，并向社会公布。不符合国家汽车标准或深圳市地方标准的智能网联汽车，不得在深圳市销售、登记。而根据《深圳经济特区智能网联汽车管理条例》第 5 条和第 28 条，进入国家汽车产品目录或深圳市智能网联汽车产品目录的自动驾驶汽车，在满足登记条件，并经公安交通管理部门登记后可以上路行驶。同时，《深圳经济特区智能网联汽车管理条例》第23条还鼓励有关行业协会参考国际先进标准，组织制定行业团体标准，并向市工信部门备案公开。

2023年11月17日工业和信息化部、公安部、住房和城乡建设部、交通运输部等四部门联合印发《关于开展智能网联汽车准入和上路通行试点工作的通知》，部署开展智能网联汽车准入和上路通行试点工作。通知包括总体要求、工作目标、组织实施、保障措施，以及两个附件。在智能网联汽车道路测试与示范应用工作基础上，四部门遴选具备量产条件的搭载自动驾驶功能的智能网联汽车产品，开展准入试点。对取得准入的智能网联产品，在限定区域内开展上路通行试点，车辆用于运输经营的需满足交通运输主管部门运营资质和运营管理要求。引导智能网联汽车生产企业和使用主体加强能力建设，在保障安全的前提下，促进智能网联汽车产品的功能、性能提升和产业生态的迭代优化。基于试点实证积累管理经验，支撑相关法律法规、技术标准制修订，加快健全完善智能网联汽车生产准入管理和道路交通安全管理体系。

其中组织实施共分为试点申报、试点实施、试点暂停与退出、评估调整四个阶段。试点实施包括产品准入试点、上路通行试点和应急处置三个环节。产品准入试点包括测试与安全评估、产品准入许可两个环节。汽车生产企业细化完善产品准入测试与安全评估方案，经工业和信息化部、公安部确认后，在省级主管部门和车辆运行所在城市政府部门监督下开展产品准入测试与安全评估工作。汽车生产企业通过产品准入测试与安全评估，且产品符合道路机动车辆产品强制性检验要求后，向工业和信息化部提交产品准入申请。

工业和信息化部经受理、审查和公示后，作出是否准入的决定，决定准入的，设置准入有效期、实施区域等限制性措施。

此外，《智能网联汽车准入和上路通行试点实施指南（试行）》第二章明确表示，智能网联汽车产品应当符合《道路机动车辆生产企业及产品准入管理办法》《新能源汽车生产企业及产品准入管理规定》等道路机动车辆产品准入要求。可见，整体来看，我国工信部等四部委主导的智能网联汽车准入和上路通行试点依然立足于当前机动车市场准入机制，只不过要由汽车生产企业和使用主体组成联合体进行申报。

2. 豁免条件

现行准入法规无法适应自动驾驶汽车，一些国家便采取豁免准入要求的进路。所谓豁免准入，是指因采用新技术、新工艺或新材料，不能满足现行准入法规的要求时，企业向有关部门提出相关准入条件豁免申请，有关部门经评估后作出豁免决定。欧盟、美国和我国均存在相应豁免准入法规。

欧盟设置了专门的豁免准入程序。欧盟规范机动车认证的法令主要是《机动车辆认证办法》（2007/46/EC）和《机动车辆认证和市场监督办法》（Regulation No.858/2018）。为使自动驾驶汽车认证在欧盟范围内达到协调一致，2019 年 4 月 5 日，欧盟发布《自动驾驶汽车认证豁免程序指南》。根据《机动车辆认证办法》（2007/46/EC）第二十章和《机动车辆认证和市场监管办法》（Regulation No.858/2018）第三十九章，自动驾驶汽车认证豁免程序大致为"提交申请—成员国评估、认证（该国内有效）—欧盟委员会投票认证（欧盟范围内有效）"，具体如下：第一，企业向成员国主管机构提交认证申请。第二，若条件许可，成员国可根据认证豁免程序办法临时认证许可，该认证只在成员国境内有效，并向欧盟委员会和各成员国通报豁免理由、评估情况等信息。第三，欧盟委员会应组织机动车技术委员会进行投票，表决是否将成员国的临时认证转变为欧盟认证。欧盟委员会的认证决定，也应以认证豁免指南为基础，清楚认定自动驾驶功能情况。欧盟委员会认证决定应公开。欧盟委员会应根据对风险的评估以及未来可能的认证适用条件，限定认证的期限（最小为三十六个月）和数量。第四，在等待欧盟委员会认证决定之前，成员国可接受其他成员国的临时认证，许可企业在本国境内获取临时认证。第五，对于按照认证豁免程序认证的车辆，欧盟委员会可根据认证主管机构提供的简化材料，对认证范围进行扩大。上述简化材料应清楚描述拟扩大认证车辆与已认证车辆的不同。

美国国家公路交通安全管理局（NHTSA）拥有相关豁免权限。美国在 2016 年发布的《联邦自动驾驶汽车政策指南》（*Automated Vehicles 1.0*，AV 1.0）中提到，如果自动驾驶汽车的外观设计和内部配置不符合《联邦汽车安全标准》的要求，汽车制造商可以向美国国家公路交通安全管理局寻求产品豁免。通用和福特两家车企已经要求美国汽车安全监督机构给予豁免，以部署数量有限的不配备方向盘和刹车踏板等人类控制装置的自动驾驶汽车。美国公路交通安全管理局在 2022 年 7 月 20 日公布了两家公司的请愿书，并将其开放给公众评论，为期 30 天。NHTSA 有权批准此类申请，允许数量有限的无需人为控制的自动驾驶车辆在美国道路上行驶。两家汽车制造商都希望每年部署多达 2500 辆汽车（这是法律允许的最大数量）用于共享出行和送货服务，但两家公司都没有提出向消费者出售自动驾驶汽车的申请。

我国的机动车产品准入豁免由工信部实施。根据工信部《道路机动车辆生产企业及产品准入管理办法》第 24 条第 1 款规定，"因采用新技术、新工艺、新材料等原因，不能满足本办法规定的准入条件的，企业在申请道路机动车辆生产企业及产品准入时可以提出相关准入条件豁免申请"。理论上自动驾驶汽车生产企业可以通过向工信部申请准入豁免，避免因缺乏国家标准而带来的准入障碍，不过这种准入豁免往往伴随着专门的风险评估与条件限制。根据工信部在 2022 年 10 月 28 日发布的《道路机动车辆生产准入许可管理条例（征求意见稿）》第 15 条规定，"对于缺乏技术标准的机动车产品申请许可准入的，工信部应当根据具体情况商公安、生态环境交通运输、市场监督管理、保险监督管理等部门进行风险测试评估。通过风险测试评估、确认风险可控的，可以作出附条件准入许可决定，并在道路机动车辆产品准入许可信息中载明使用范围限制、使用期限等相关限制条件事项"。

总的来说，自动驾驶汽车技术还在发展，缺乏成熟的技术标准体系是自动驾驶汽车无法获得市场准入的根本原因。在这一现实前提下，想要以准入机制激励自动驾驶汽车的规模化商业应用，较为可行的做法是短时间内采取准入豁免，在一定时间、一定地域内推进其商业应用，以确保风险可控，同时开始建立相应国家标准体系，从根本上解决市场准入问题。

综上，这一系列自动驾驶汽车准入的政策和管理规范意图推动智能汽车产业的发展与应用，然而自动驾驶汽车的发展并不仅是政策和技术之责，也亟待现有法律规则作出全方位的调整，推动自动驾驶汽车行驶运营准入规则的统一及细化。

（二）自动驾驶汽车测试、应用与运营管理

工业和信息化部、公安部、交通运输部共同制定的《智能网联汽车道路测试与示范应用管理规范（试行）》（工信部联通装

〔2021〕97号）以及地方立法对自动驾驶汽车的道路测试、示范应用、示范运营以及商业化运营作了规定。

1. 道路测试

道路测试，是指在公路（包括高速公路）、城市道路、区域范围内等用于社会机动车通行的各类道路指定的路段进行的自动驾驶汽车自动驾驶功能测试活动。① 道路测试是自动驾驶汽车已经完成测试（区）场的实车测试后，在获得正式准入前在规定的道路进行的测试。由于自动驾驶汽车还未真正到商业化应用阶段，所以道路测试是目前自动驾驶汽车法律规制的核心。相应的道路测试立法是自动驾驶汽车发展最前沿国家的规制重点。道路测试要求包括主体、驾驶人、车辆的要求、道路测试申请、道路测试管理等。

首先，道路测试主体要符合相关要求。道路测试主体是指提出自动驾驶汽车道路测试申请、组织道路测试并承担相应责任的单位，其应是在中华人民共和国境内登记注册的独立法人单位，具备汽车及零部件制造、技术研发或试验检测等自动驾驶汽车相关业务能力，对自动驾驶汽车道路测试可能造成的人身和财产损失具备足够的民事赔偿能力，具有自动驾驶汽车自动驾驶功能测试评价规程，具备对道路测试车辆进行实时远程监控，对道路测试车辆进行事件记录、分析和重现，对道路测试车辆及远程监控平台网络安全保障的能力。②

其次，道路测试的驾驶人要符合相关要求。道路测试的驾驶人是指经道路测试、示范应用主体授权负责道路测试、示范应用安全运行，并在出现紧急情况时从车内采取应急措施的人员。③ 驾驶人应与道路测试、示范应用主体签订劳动合同或劳务合同，取得相应

---

① 参见工信部：《智能网联汽车道路测试与示范应用管理规范（试行）》第2条。
② 参见工信部：《智能网联汽车道路测试与示范应用管理规范（试行）》第5条。
③ 参见工信部：《智能网联汽车道路测试与示范应用管理规范（试行）》第7条。

准驾车型驾驶证并具有 3 年以上驾驶经历，最近连续 3 个记分周期内没有被记满 12 分记录，最近 1 年内无超速 50% 以上、超员、超载、违反交通信号灯通行等严重交通违法行为记录，无饮酒后驾驶或者醉酒驾驶机动车记录，无服用国家管制的精神药品或者麻醉药品记录，无致人死亡或者重伤且负有责任的交通事故记录，经道路测试、示范应用主体培训合格，熟悉自动驾驶功能测试评价规程、示范应用方案，掌握车辆道路测试、示范应用操作方法，具备紧急状态下应急处置能力。

再次，道路测试的车辆要符合相应要求。道路测试车辆是指申请用于道路测试、示范应用的自动驾驶汽车，包括乘用车、商用车辆和专用作业车，不包括低速汽车、摩托车。道路测试车辆应未办理过机动车注册登记，满足对应车辆类型除耐久性以外的强制性检验项目要求，对因实现自动驾驶功能而无法满足强制性检验要求的个别项目，需提供其未降低车辆安全性能的证明，具备人工操作和自动驾驶两种模式，且能够以安全、快速、简单的方式实现模式转换并有相应的提示，保证在任何情况下都能将车辆即时转换为人工操作模式，具备车辆状态记录、存储及在线监控功能，能实时回传车辆标识、车辆控制模式、车辆位置、车辆速度、加速度、行驶方向等运动状态信息，并自动记录和存储在车辆事故或失效状况发生前的数据。①

最后，道路测试主体应符合申请要求。进行道路测试前，道路测试主体应确保道路测试车辆在测试区（场）等特定区域进行充分的实车测试，符合国家、行业相关标准规范，省、市级政府相关主管部门发布的测试要求以及道路测试主体的测试评价规程，具备进

---

① 参见工信部：《智能网联汽车道路测试与示范应用管理规范（试行）》第 8 条。

行道路测试的条件。① 道路测试主体进行道路测试申请时应提供自动驾驶汽车道路测试安全性自我声明并由省、市级政府相关主管部门进行确认，包括道路测试主体、车辆识别代号、测试驾驶人姓名及身份证号、测试时间、测试路段区域及测试项目等信息。其中，测试时间原则上不超过 18 个月，且不得超过安全技术检验合格证明及保险凭证的有效期。②

2. 示范应用

根据工业和信息化部、公安部、交通运输部共同制定的《自动驾驶汽车道路测试与示范应用管理规范（试行）》（工信部联通装〔2021〕97 号）的规定，示范应用是指在公路（包括高速公路）、城市道路、区域范围内等用于社会机动车通行的各类道路指定的路段进行的具有试点、试行效果的智能网联汽车载人载物运行活动。③示范应用是自动驾驶汽车已经完成道路测试之后，在有限范围的道路上进行的试用。

示范应用要求包括主体、驾驶人、车辆的要求，示范应用申请、管理等。由于示范应用驾驶人、车辆、管理与道路测试的相关规定相同，故在此仅介绍示范应用的主体和申请。

第一，示范应用主体要符合相关要求。示范应用主体是指提出自动驾驶汽车示范应用申请、组织示范应用并承担相应责任的一个单位或多个单位联合体。示范应用主体为在中华人民共和国境内登记注册的独立法人单位或多个独立法人单位组成的联合体，具备汽车及零部件制造、技术研发、试验检测或示范应用运营等自动驾驶汽车相关业务能力，由多个独立法人单位联合组成的示范应用主

---

① 参见工信部：《智能网联汽车道路测试与示范应用管理规范（试行）》第 9 条。
② 参见工信部：《智能网联汽车道路测试与示范应用管理规范（试行）》第 10 条。
③ 参见工信部：《智能网联汽车道路测试与示范应用管理规范（试行）》第 2 条。

体，其中应至少有一个单位具备示范应用运营服务能力，且各单位应签署运营服务及相关侵权责任划分的相关协议，对自动驾驶汽车示范应用可能造成的人身和财产损失具备足够的民事赔偿能力，具有自动驾驶汽车示范应用方案，具备对示范应用车辆进行实时远程监控，进行事件记录、分析和重现的能力，以及具备对示范应用车辆及远程监控平台的网络安全保障能力。

　　第二，示范应用主体应符合申请要求。对初始申请或增加配置相同的示范应用车辆，应以自动驾驶模式在拟进行示范应用的路段和区域进行过合计不少于 240 小时或 1000 公里的道路测试，在测试期间无交通违法行为且未发生道路测试车辆方承担责任的交通事故。拟进行示范应用的路段或区域不应超出道路测试车辆已完成的道路测试路段或区域范围。[①] 示范应用主体在申请示范应用时应提供自动驾驶汽车示范应用安全性自我声明并由省、市级政府相关主管部门进行确认，包括示范应用主体、车辆识别代号、示范应用驾驶人姓名及身份证号、示范应用时间、示范应用路段或区域及示范应用项目等信息。其中，示范应用时间原则上不超过 18 个月，且不得超过安全技术检验合格证明及保险凭证的有效期。[②]

　　道路测试、示范应用应遵守省、市级政府相关主管部门的管理规定，在此仅列举一些主要的管理规范。自动驾驶汽车开展道路测试或示范应用需要在省、市级政府相关主管部门指定的若干典型路段、区域进行。道路测试、示范应用路段和区域内应设置相应标识或提示信息。[③] 道路测试车辆、示范应用车辆应当遵守临时行驶车号牌管理相关规定。未取得临时行驶车号牌，不得开展道路测

① 参见工信部：《智能网联汽车道路测试与示范应用管理规范（试行）》第 16 条。
② 参见工信部：《智能网联汽车道路测试与示范应用管理规范（试行）》第 18 条。
③ 参见工信部：《智能网联汽车道路测试与示范应用管理规范（试行）》第 22 条。

试和示范应用。道路测试、示范应用主体及驾驶人均需遵守我国道路交通安全法律法规，严格依据道路测试或示范应用安全性自我声明载明的时间、路段、区域和项目开展工作，并随车携带相关材料备查。不得在道路测试或示范应用过程中在道路上开展制动性能试验。① 道路测试车辆、示范应用车辆车身应以醒目的颜色分别标示"自动驾驶道路测试"或"自动驾驶示范应用"等字样，提醒周边车辆及其他道路使用者注意，且不应对周边的正常道路交通活动产生干扰。② 车辆在道路测试及示范应用过程中，不得非法从事道路运输经营活动，不得搭载危险货物。③

在道路测试、示范应用期间发生交通违法行为的，由公安机关交通管理部门按照现行道路交通安全法律法规对驾驶人进行处理。④ 在道路测试、示范应用期间发生交通事故，应当按照道路交通安全法律法规确定当事人的责任，并依照有关法律法规及司法解释确定损害赔偿责任；公安机关交通管理部门应当依法对当事人的道路交通安全违法行为作出处罚；构成犯罪的，依法追究当事人的刑事责任。⑤

自动驾驶汽车在测试示范应用过程中仍遇到测试结果不互认、测试时空范围受限、管理标准不统一等问题。各地示范区在政策和标准等方面存在不一致，形成了一定的地方壁垒，包括测试互认、数据共享、互联互通以及无人化测试场景等。目前北京、上海、长沙、重庆等示范区形成了明确的互认项目，但是在道路测试方面，尤其是异地里程互认、各地示范区测试场建设、开放道路建设等方

---

① 参见工信部：《智能网联汽车道路测试与示范应用管理规范（试行）》第24条。
② 参见工信部：《智能网联汽车道路测试与示范应用管理规范（试行）》第25条。
③ 参见工信部：《智能网联汽车道路测试与示范应用管理规范（试行）》第27条。
④ 参见工信部：《智能网联汽车道路测试与示范应用管理规范（试行）》第33条。
⑤ 参见工信部：《智能网联汽车道路测试与示范应用管理规范（试行）》第34条。

面有不同的规划，对测试里程的认定也有差异。①

　　针对上述问题，首先，需要破解自动驾驶汽车相关政策法规障碍。现有的指南性政策文件及效力层级处于规章甚至规章以下的规范性文件，无法根本性解决自动驾驶问题，也不涉及无人驾驶问题的真正规制②，需要通过综合性效力层级更高的立法来解决现有的法律障碍。建议持续完善法律法规和政策标准环境，更好地支持自动驾驶汽车的发展，解决不适用性的问题，促进产业化商业化发展，提供良好发展环境，根据法律法规和政策标准的层级和影响的范围不同，分别采取不同的措施和方法，逐步消除对自动驾驶汽车的制约和限制。③其次，建立各地方测试纪录与许可互认制度，消除自动驾驶汽车各地规制差异化造成的障碍，促进自动驾驶技术快速发展。④最后，从政策方面营造支持创新、包容审慎的发展环境。横向上加强行业合作，纵向上促进上下联动，积极鼓励引导负责任的自动驾驶汽车测试验证与示范应用活动，促进公平公正，确保可控可信。

3. 运营管理

　　自动驾驶汽车的运营目前存在示范应用、示范运营、商业化运营、创新应用等不同的表述方式。截至 2024 年 6 月 1 日，已有深圳、上海、无锡、苏州、杭州、阳泉等地通过地方人大立法对相关

---

① 参见杜巧梅：《商业化落地依然面临诸多挑战》，载《21 世纪经济报道》2023 年 5 月 23 日，第 12 版。

② 参见王霁霞、符大卿：《自动驾驶汽车道路测试的法律规制》，载《行政管理改革》2019 年第 8 期。

③ 参见杜巧梅：《商业化落地依然面临诸多挑战》，载《21 世纪经济报道》2023 年 5 月 23 日，第 12 版。

④ 参见王霁霞、符大卿：《自动驾驶汽车道路测试的法律规制》，载《行政管理改革》2019 年第 8 期。

活动进行了规定。例如《无锡市车联网发展促进条例》规定了"鼓励和支持相关主体开展智能网联汽车道路测试、示范应用、商业运营等活动";《上海市浦东新区促进无人驾驶智能网联汽车创新应用规定》则是要求"开展无人驾驶智能网联汽车道路测试、示范应用、示范运营、商业化运营等创新应用活动";《杭州市智能网联车辆测试与应用促进条例》则使用"创新应用活动"的表述。

除去用语的区别,对比各地立法规定,仍能看到对于自动驾驶汽车的运营管理,各地在遵循《智能网联汽车道路测试与示范应用管理规范(试行)》的基础上,主要从以下四个方面进行详细规定:

一是确定适用范围。自动驾驶汽车示范运营是指相关行政区域政策允许范围内的各等级公路(包括高速公路)、城市道路(包括城市快速路)以及特定区域道路的示范主体开展高等级自动驾驶汽车载人、载货的示范运营活动。

二是明确申请要求。开展自动驾驶汽车示范运营活动申请应当满足相关主体要求、车辆要求及驾驶人要求。首先,《智能网联汽车道路测试与示范应用管理规范(试行)》对自动驾驶汽车示范运营主体的技术能力、责任能力进行了规定。其次,各地立法一般要求示范运营主体就自动驾驶汽车示范运营提交示范运营方案以及自动驾驶汽车示范运营安全性自我声明。例如《杭州市智能网联车辆测试与应用促进条例》第13条规定:"智能网联车辆测试主体开展较高风险道路测试的,应当经过规定里程或者时间的较低风险道路测试,且未发生严重交通违法行为以及因车辆原因造成的安全事故,人工接管率符合规定值……第二款、第四款规定的里程、时间、人工接管率等具体指标由市经济和信息化主管部门会同有关部门确定。具体指标应当符合行业发展趋势和国家相关规定,根据技术发展情况及时更新,并且不得排斥不同发展路径的技术。"

三是明晰确认程序及安全措施。申请主体向相关部门提交材料，部门受理后组织召开自动驾驶汽车示范运营论证会议，第三方机构开展技术评估，确认通过后，正式开展示范运营。自动驾驶汽车的安全至关重要，因此应当明确自动驾驶汽车示范运营相关暂停及终止情形，例如未按照规定配备测试安全员或者驾驶人、提供虚假材料等。发生上述情形后，企业需完成整改，经过确认符合条件的可准予恢复示范运营。

四是履行相应告知及报告义务。对示范应用中的收费行为，企业需要履行相应的告知与报告义务。例如《杭州市智能网联车辆测试与应用促进条例》第 21 条中规定："在创新应用过程中，智能网联车辆可以按照规定搭载探索商业模式所需的人员或者货物，但是应用主体应当提前告知搭载人员及搭载货物的所有人、管理人相关风险，并采取必要的安全措施；向不特定对象收取费用的，应用主体应当提前七日向社会公布有关计费规则，并向市经济和信息化主管部门报告，由市经济和信息化主管部门通报有关部门。"

第三节　自动驾驶汽车的法律责任难题

自动驾驶产业在蓬勃发展的同时，也出现了法律责任分配"无法可依"的尴尬局面，同样的问题在辅助自动驾驶中也存在。自2016 年 1 月国内首起辅助自动驾驶致死事故曝光后，自动驾驶汽车交通安全逐步进入法学研究的范围。2021 年 8 月 12 日，"美一好"品牌创始人林某驾驶蔚来 ES8，在启用 NOP 自动导航辅助驾驶功能的情况下，在沈海高速涵江段发生交通事故，不幸离世。此前已有特斯拉在"自动驾驶"功能开启时发生事故的先例，如今自动驾驶的安全性再一次受到拷问。此次事故的焦点 NOP，即领航辅助，属于 SAE 分类中的 L2 级自动驾驶。案件发生后引发了关注和讨论：在自动驾驶技术迅速出现并应用的当下，目前的量产车型究竟在多大程度上实现了"自动驾驶"？特别是驾驶员与自动驾驶系统的责任边界究竟何在？在不存在驾驶人的高级别自动驾驶中该如何分配责任？让不少人感到困惑。

我国自动驾驶立法呈现地方先行、缺乏统一立法的特征。从国家层面来看，当前我国有关自动驾驶的法律法规、部门规章涵盖产品流通、上路行驶、事故责任、隐私安全以及地图测绘等内容（见表1.2），但多数立法并非针对自动驾驶汽车而制定，在适用上存在诸多难题。以公众最为关心的自动驾驶汽车致害归责为例，《道路交通安全法》第 76 条确立的以过错为核心的责任分配机制难以适用自动驾驶汽车致害问题，但目前我国并未在国家层面出台法律作出回应。

表 1.2　国家有关自动驾驶汽车的管理规范

环　节	法律法规名称
产品流通阶段	《民法典》 《标准化法》 《标准化法实施条例》 《产品质量法》 《消费者权益保护法》 《消费者权益保护法实施条例》 《缺陷汽车产品召回管理条例》 《智能网联汽车生产企业及产品准入管理指南（试行）》
上路行驶	《民法典》 《道路交通安全法》
事故责任及保险	《民法典》 《道路交通安全法》 《道路交通安全法实施条例》 《道路交通事故处理程序规定》 《机动车交通事故责任强制保险条例》

（续表）

环　节	法律法规名称
隐私安全	《民法典》 《网络安全法》 《道路交通安全法》 《数据安全法》 《个人信息保护法》 《汽车数据安全管理若干规定（试行）》 《关键信息基础设施安全保护条例》
地图测绘	《测绘法》 《外国的组织或者个人来华测绘管理暂行办法》 《地图管理条例》 《公开地图内容表示规范》 《自然资源部关于促进智能网联汽车发展维护测绘地理信息安全的通知》

我国现行机动车交通事故责任的认定主要围绕机动车驾驶人展开。根据《道路交通安全法》第76条的规定："机动车发生交通事故造成人身伤亡、财产损失的，由保险公司在机动车第三者责任强制保险责任限额范围内予以赔偿；不足的部分，按照下列规定承担赔偿责任：（一）机动车之间发生交通事故的，由有过错的一方承担赔偿责任；双方都有过错的，按照各自过错的比例分担责任。（二）机动车与非机动车驾驶人、行人之间发生交通事故，非机动车驾驶人、行人没有过错的，由机动车一方承担赔偿责任；有证据证明非机动车驾驶人、行人有过错的，根据过错程度适当减轻机动车一方的赔偿责任；机动车一方没有过错的，承担不超过10%的赔偿责任。交通事故的损失是由非机动车驾驶人、行人故意碰撞机动车造成的，机动车一方不承担赔偿责任。"

低级别的自动驾驶汽车（L3级别及以下），由于高度依赖人工操作，所以其交通事故归责完全可以适用《道路交通安全法》第76条。但该规定无法适用于高级别智能网联汽车（L4级别与L5

级别）在自动驾驶状态下发生的事故。在高度自动驾驶（L4 级别）和完全自动驾驶（L5 级别）的状态下（根据《汽车驾驶自动化分级》，用户在 L4 级别时就可以不响应系统），人类驾驶员这一角色被替代，进而无从适用《道路交通安全法》第 76 条。

在地方层面，北京、上海、深圳等城市均已出台各地的自动驾驶汽车管理规范。其中，深圳市以特区立法的形式，在国内首次对智能网联汽车的准入登记、上路行驶等事项作出具体规定。《深圳经济特区智能网联汽车管理条例》是我国首部关于智能网联汽车管理的地方性法规，虽然对自动驾驶法律责任分配方式作了规定，但仍存在归责方式不明的问题。其第 54 条规定："智能网联汽车发生交通事故，因智能网联汽车存在缺陷造成损害的，车辆驾驶人或者所有人、管理人依照本条例第五十三条的规定赔偿后，可以依法向生产者、销售者请求赔偿。"该条例第 53 条使用"发生交通事故造成损害，属于该智能网联汽车一方责任的"这一表述，难以判断其所确立的是过错责任还是无过错责任。因为，"属于该智能网联汽车一方责任的"含义为何，依据什么来判断，该条文并未给出明确答案。此外，如何认定《深圳经济特区智能网联汽车管理条例》第54 条规定的"缺陷"，也需要立法者作出回应。

在我国地方立法实践的发展中，对于道路交通安全违法行为的规制已经形成了成熟的处理规则。《杭州市智能网联车辆测试与应用促进条例》第 27 条规定："智能网联车辆发生道路交通安全违法情形，配备驾驶人或者安全员的，公安机关交通管理部门可以依法对驾驶人或者安全员进行处理；不配备驾驶人、安全员的，公安机关交通管理部门可以依法对车辆所有人或者管理人进行处理。"与之前地方立法引入自动驾驶级别的做法不同，杭州市采用车内存在与自动驾驶行为相关主体及不存在与自动驾驶行为相关主体的二分法，不仅处理了技术概念内涵不确定且不断变化的问题，而且有利于交通执法机关在有效判断适用情形后进行快速处理。

　　总体来看，在我国自动驾驶立法目前所呈现的地方先行但缺乏国家统一立法的现状下，即便是已经先行先试的地方立法，对于自动驾驶汽车致害问题如何处理，也没有十分明确的规定。这一立法空白使得自动驾驶汽车法律责任处于悬置状态，一定程度上影响了人们对于自动驾驶的接受程度，使产业界缺乏对创新探索的稳定预期，客观上也造成了高级别自动驾驶技术应用困难，最终不利于自动驾驶产业的发展。

———— 第二章 ————

自动驾驶法律责任的域外考察

第一节　德国自动驾驶立法进程

一、德国自动驾驶立法进程概述

为了应对自动驾驶和车路协同技术对道路交通提出的挑战，德国进行了一系列立法活动，其立法进程如下：

（1）2015年《自动网联驾驶战略》(*Strategie Automatisiertes und Vernetztes Fahren*)。

（2）2016年，在德国、比利时等八国提议下完成的有关自动驾驶的《国际道路交通公约（维也纳）》(*Vienna Convention on Road Traffic*)。

（3）2017年《道路交通法第八修正案》(*8. StVGÄndG*)。

（4）2017年《自动化和网联车辆交通伦理准则》(*Ethische Regeln für den Automatisierten und Vernetzten Fahrzeugverkehr*)。

（5）2020年《自动驾驶法》(*Gesetz zum autonomen Fahren*)。

（6）2022年《自动驾驶许可与运行监管专项法规》(*AFGBVEV*)。

其中（1）是德国对推动自动驾驶产业发展的综合性规划，（4）是对自动驾驶立法原则、立法伦理的明确，（6）是对自动驾驶测试准入制度的相关规定，（2）（3）和（5）才是对自动驾驶相关现象的具体法律规制。

在德国自动驾驶法律体系中，《道路交通法第八修正案》（以下简称《第八修正案》）和《自动驾驶法》起到了中流砥柱的作用。这两次立法活动间隔时间很短，前后为 L3 级别和 L4 级别自动驾驶车辆的市场准入以及自动驾驶的驾驶规则提供了法律依据。尽管这两次立法都没有改变德国道路交通领域的侵权责任的基本分配模式，但是又通过了新的规范，例如引入 L3 级别的驾驶员接管义务和 L4 级别的技术监督员制度，具体赋予了自动驾驶汽车道路交通侵权责任与产品责任以新的内容。本节将主要介绍德国《道路交通法》这两次修订中与自动驾驶法律责任相关的内容，并比较修法前后的相关义务、责任的变化情况，最后详细介绍各个主体的责任分配。

二、德国自动驾驶立法修订内容

（一）《道路交通法第八修正案》

2017 年 6 月 16 日，针对自动驾驶的特点，在经过前期大量调研和论证的基础上[①]，德国对《道路交通法》（*Straßenverkehrsgesetzes*）进行了重要修正，形成了《道路交通法第八修正案》。

作为德国首部有关自动驾驶的立法，该修正案对自动驾驶车辆的概念进行了界定，正式确立了自动驾驶的法律地位，初步明确

---

① 参见张韬略、蒋瑶瑶：《德国智能汽车立法及〈道路交通法〉修订之评介》，载《德国研究》2017 年第 3 期，第 71—72 页。

了自动驾驶车辆的准入要求，规定了自动驾驶车辆驾驶人员的权利和义务，设定了自动驾驶车辆数据存储、保存和监管等有关"黑匣子"的基本规则，确定了涉及自动驾驶车辆发生交通事故后的归责原则以及最高赔偿数额。例如，《第八修正案》要求驾驶员坐在座位上并准备随时接管车辆，其规定的自动驾驶汽车等级与 SAE 发布的 L3 级别自动驾驶更为贴近。《第八修正案》的规定涉及了自动驾驶的驾驶规则与实体法律问题，但对于法律责任承担问题《第八修正案》并未涉及，相关内容仍适用原德国《道路交通法》中的规则。[①] 与产品质量相关的问题则可以直接适用德国《产品责任法》（ *Gesetz über die Haftung für fehlerhafte Produkte*, PHG ）。综合来看，《第八修正案》顺应了德国国内的主流声音，初步搭建了自动驾驶车辆监管的制度框架。[②]

　　根据《第八修正案》，自 2017 年 6 月 21 日开始德国允许自动驾驶汽车上路。该法案专门为自动驾驶汽车（L3 级别）增设第 1a、1b 条，其中第 1a 条第 2 款进一步界定了"高度或完全自动驾驶功能的机动车辆"，第 1b 条对"驾驶员使用高度或完全自动驾驶功能时的义务"作出规定，包括注意和接管义务（新增的重点法条见表 2.1 ）。[③]

――――――――――

① 关于德国《道路交通法第八修正案》的介绍，可参见夏智华、陶雪松：《破与立：自动驾驶汽车对现行法律提出的挑战》，天元律师公众号，https://mp.weixin.qq.com/s/VOUdBLTXz65ozLrN8y6mJQ。

② 参见张韬略、蒋瑶瑶：《德国智能汽车立法及〈道路交通法〉修订之评介》，载《德国研究》2017 年第 3 期，第 75—76 页。

③ 国内相关学术论文参见张韬略、蒋瑶瑶：《德国智能汽车立法及〈道路交通法〉修订之评介》，载《德国研究》2017 年第 3 期；何坦：《论我国自动驾驶汽车侵权责任体系的构建——德国〈道路交通法〉的修订及其借鉴》，载《时代法学》2021 年第 1 期；韩旭至：《自动驾驶事故的侵权责任构造——兼论自动驾驶的三层保险结构》，载《上海大学学报（社会科学版）》2019 年第 2 期。

表2.1　《道路交通法第八修正案》新增重点法条

变更条款	条款新增内容	变更内容总结
第1a条	【具有高度或完全自动驾驶功能的车辆】 　　1. 当机动车辆符合装备高度或完全自动驾驶功能的相关规定时，允许高度或完全自动驾驶功能汽车运行。 　　2. 本法所称的具有高度或完全自动驾驶功能的机动车辆应配备以下技术： 　　（1）为完成驾驶任务（包括纵向和横向导轨），能在车辆启动后控制车辆； 　　（2）在高度或完全自动驾驶功能控制车辆的过程中，能够遵循规范车辆行驶的交通法规； 　　（3）可以随时被驾驶员手动接管或关停； 　　（4）可以识别由驾驶员亲自控制驾驶的必要性； 　　（5）可以以听觉、视觉、触觉或者可被感知的方式向驾驶员提出由驾驶员亲自控制驾驶的要求，并给驾驶员预留接管车辆的充足时间； 　　（6）能够提示与系统要求相悖的使用行为。 　　自动驾驶汽车的制造商必须在系统说明中作出有约束力的声明，表明其汽车符合前述条件。 　　3. 前款仅适用于第1条第1款所规定的车辆，该车辆必须符合第2款第1项第1目的要求，并且具有高度或完全自动驾驶功能： 　　（1）在本法范围内描述并遵守适用的国际法规，或者 　　（2）根据欧洲议会和理事会2007年9月5日第2007/46/EC号指令第20条进行型式批准，该指令建立了批准机动车辆及其拖车以及用于此类车辆的系统、部件和独立技术单元的框架（框架指令）OJL263, 2007年10月9日，第1页。 　　4. 驾驶员是指启动第2款定义的高度或完全自动驾驶功能并利用其控制汽车驾驶的人，即使其在规范使用该功能时不亲自驾驶车辆。	1. 明确允许自动驾驶汽车开展测试及道路运行。 2. 初步界定了自动驾驶车辆的概念及技术要求。 3. 明确了自动驾驶汽车驾驶员的概念。
第1b条	【驾驶员使用高度或完全自动驾驶功能时的义务】 　　1. 在驾驶车辆时，驾驶员可以通过符合第1a条的高度或完全自动驾驶功能脱离对车辆的控制状态；但在这样做时，他必须保持足够的洞察力，以便随时履行本条第2款规定的义务。	1. 明确了自动驾驶车辆的驾驶员在法定情形下对自动驾驶汽车的接管义务。

（续表）

变更条款	条款新增内容	变更内容总结
第1b条	2. 车辆驾驶员有义务在下列情况下毫不迟延地收回对车辆的控制权： （1）高度自动化或完全自动化的系统提示驾驶员接管车辆，或者 （2）当驾驶员意识到或根据具体情形应当意识到，车辆不再具有高度或完全自动驾驶功能所预设的使用条件。	2. 初步明确自动驾驶车辆驾驶员应当接管车辆的情形。
第1c条	【评估】 联邦交通和数字基础设施部将于2019年后在科学的基础上，对第1a条和第1b条的应用成果进行评估。联邦政府应将评估结果通知德国联邦议院。	
第6条	1. 在第1段中，在第14点之后插入以下第14a点：在经停车区域管理人授权同意的情况下，允许在停车区域使用低速的无人驾驶停车系统。这些停车区域应当为通过建筑物或其他设施与公共街道在空间上分隔开的区域，并且只能通过特殊入口和出口进出。 2. 在第4段之后插入以下第4a条：根据第1条第1、2、3款制定的条例，在必要时也可予以通过，以顾及对具有高度自动驾驶或完全自动驾驶功能的汽车参与道路交通的特殊要求。	1. 对自动驾驶汽车在特定场景下使用的准许条件规定。
第12条	1. 在第1点中，在"500万欧元"之后，用逗号代替分号，并插入以下词语：如果损害是由于根据第1a条使用高度自动驾驶或完全自动驾驶功能造成的，则总金额不超过1 000万欧元。 2. 在第2点中，句号应用逗号代替，并在"欧元"一词后插入以下词语：如果损害是由于根据第1a条使用高度自动驾驶或完全自动驾驶功能造成的，则总金额不超过200万欧元。	1. 在赔偿责任限额方面，对于由驾驶系统故障导致人员伤亡的交通事故，新法将车主的赔偿责任限额提升至1000万欧元，但是该赔偿责任限制并不适用于自动驾驶汽车的驾驶员。 2. 将人类驾驶员承担的因为自动驾驶汽车造成的财产损失的最高赔偿额提高到500万欧元。 3. 上述人身损害和财产损失赔偿都分别是人类驾驶员承担的因为普通汽车造成的损失（损害）的2倍。

变更条款	条款新增内容	变更内容总结
第32条	1. 在第1款中新增第8点： 8. 对具有高度自动驾驶或完全自动驾驶功能的机动车，根据本法或根据本法制定的立法，采取措施进行数据处理。	1. 明确要求自动驾驶车辆均应当配备黑匣子，以便记录行驶全程的操作数据以及认定事故责任。 2. 明确记录数据应当包括驾驶员与自动驾驶系统各自驾驶的区间段、何时自动驾驶系统要求驾驶员接管汽车以及行驶过程中发生的技术故障等。 3. 明确有关部门存储相关数据的要求，即该类数据通常由专门部门负责保留6个月，如果自动驾驶汽车直接参与了道路交通事故，则最少应保存3年。 4. 规定了在特定情形下存储的数据应当以数据匿名化的形式传输给第三人。
第63a条	【具有高度或完全自动驾驶功能的机动车辆的数据处理】 1. 当车辆控制权在车辆驾驶员与高度或完全自动系统之间发生变化时，第1a节规定的自动驾驶机动车辆应当存储此时由卫星导航系统确定的位置和时间信息。如果系统要求车辆驾驶员接管车辆或者系统中发生技术故障，也应当进行此类数据存储。 2. 根据第1款存储的数据应根据要求，传输给根据州法律负责处罚交通违法行为的有关部门。有关部门可以存储和使用传输的数据。数据传输的范围应限于与有关部门执行的检查程序相关的第1款所必需的范围。个人数据处理的一般规定不受该条文影响。 3. 在同时满足下列情况下，车主应将根据第1款存储的数据传输给第三方： （1）该数据对于主张、要求或辩护第7（1）条中规定的事件相关的法律索赔是必要的； （2）本次活动涉及相应具有自动驾驶功能的机动车。第2款第3句应比照适用。 4. 根据第1款存储的数据应在六个月后删除，除非机动车辆涉及第7（1）条规定的事件；在这种情况下，应当在三年后删除数据。 5. 针对第7（1）条所规定的事件，根据第1款存储的数据可以以匿名形式传输给第三方，用于事故研究。	
第63b条	联邦交通和数字基础设施部在与数据保护和信息自由专员协商后，有权发布实施以下第63a条的法令： 1. 根据第63a（1）条，存储介质的技术设计和位置以及存储方式； 2. 根据第63a（1）条履行存储义务的收件人； 3. 在出售机动车时，保护存储的数据免受未经授权的访问的措施。 根据第1句制定的法令应在颁布前送交德国联邦议院供参考。	

（二）《自动驾驶法》

2021 年 3 月，德国通过了《道路交通法和强制保险法修正法》（*Gesetz zur Änderung des Straßenverkehrsgesetzes und des Pflichtversicherungsgesetzes*，以下简称《自动驾驶法》），该法于 2021 年 7 月 28 日生效。该法对《道路交通法》和《机动车辆保有人强制责任保险法》（*Pflichtversicherungsgesetz*）两部法律进行了重要修正，据以应对自动驾驶技术和产业的快速发展（新增核心条款见表 2.2）。根据该法，自 2022 年开始，德国将允许自动驾驶汽车（L4 级）在公共道路上的指定区域内行驶。德国由此成为全球首个允许无人驾驶车辆参与日常交通并应用在全国范围的国家。该法规创设了针对"自动驾驶功能"汽车的"技术监督"（technische Aufsicht）的概念。在保险方面，《自动驾驶法》规定自动驾驶汽车所有人必须购买一份责任险，受益人为技术监督员 [1]（具体法律责任有关变更内容见表 2.2）。[2]

表 2.2 《自动驾驶法》对《道路交通法》的修正内容

变更条款	条款新增内容	变更内容总结
第 1d 条	【指定运行区域内具有自动驾驶功能的机动车辆】 1. 本法所称具有自动驾驶功能的机动车辆是指， （1）无需驾驶员驾驶即可在指定的运行区域独立执行驾驶任务，且 （2）配备符合第 1e 条第 2 款要求的技术设备。 2. 本法所称的指定运行区域是指符合第 1e 条第 1 款要求的自动驾驶机动车辆可行驶的本国公共道路空间。	1. 进一步明确自动驾驶车辆定义。 2. 明确自动驾驶指定运行区域技术监督（technische Aufsicht）与最小风险状态等术语概念。

---

[1] 张韬略：《迈入无人驾驶时代的德国道路交通法——〈自动驾驶法〉的探索与启示》，载《德国研究》2022 年第 1 期。

[2] 参见联邦法律官网，https://www.buzer.de/gesetz/14868/index.htm。

（续表）

变更条款	条款新增内容	变更内容总结
第1d条	3. 本法所称自动驾驶机动车辆的技术监督员是指能够根据第1e条第2款第8项的规定在运行过程中停用该机动车辆并根据第1e条第2款第4项和第3款驾驶该机动车辆的自然人。 　4. 本法所指的最小风险状态是指具有自动驾驶功能的机动车辆主动或在技术监督员的建议下改变自身的状态，以便在充分考虑交通状况的情况下，确保其他道路使用者和第三方获得最大程度的道路安全。	
第1e条	【具有自动驾驶功能的机动车辆的运行；异议和废止的效力】 　1. 自动驾驶汽车上路行驶需满足如下四项要求： 　（1）该机动车辆符合本条第2款的技术要求； 　（2）已根据本条第4款取得联邦汽车运输局（KBA）颁发的无人驾驶汽车运行许可证； 　（3）该机动车辆在联邦或州政府批准的指定运营区域内使用，或者在联邦政府有权管理的范围内，由基础设施公司根据《基础设施公司设立法》所指的私法使用，并且 　（4）该机动车辆依据第1条第1款的规定在公共道路上使用。 　本法第1h条规定的机动车的相关运行要求及第1条第1款的登记要求不受影响。 　2. 上路行驶的自动驾驶汽车应具备相应的技术设备，该技术设备应满足如下几点要求： 　（1）在指定运行区域内能够独立胜任驾驶任务，无需驾驶人员介入驾驶，亦无需技术监督员持续监控驾驶过程； 　（2）能够独立遵守针对车辆驾驶的交通法规，并且具备事故避免系统，该事故避免系统： 　a）是为避免和减少损害而设计的； 　b）在不可避免对不同的法益造成替代性损害的情况下，应考虑到不同法益的重要程度，并以保护人的生命为最优先，以及 　c）在对人类生命的危害无法避免时，不得根据个人特征进一步加权；	1. 规定了自动驾驶汽车上路的资质要求与技术要求。 　2. 对自动驾驶汽车车辆运行许可证与指定区域运行许可证的吊销异议作出例外规定。

（续表）

变更 条款	条款新增内容	变更内容总结
第 1e 条	（3）如果只有违反道路交通法规才能继续行驶时，车辆应独立进入最小风险状态； （4）在第3项的情形下，自动驾驶车辆应当独立地： 　a）向技术监督员提出可能的驾驶操作建议； 　b）向技术监督员传输可以评估车辆实时情况的数据，使得技术监督员可以决定是否批准其建议的驾驶操作。 （5）检查技术监督员发布的驾驶操作，在该驾驶操作会危及参与或未参与交通的人时，使机动车辆独立进入最小风险状态，而不是执行该操作指令； （6）立即向技术监督员报告其功能受损的情况； （7）认识到自己的系统极限，并在达到系统极限时、在发生影响自动驾驶功能的技术故障时或者在达到规定的运行区域边界时，使机动车辆独立地进入最小风险状态，激活危险警告灯并在尽可能安全的地方停车； （8）可由技术监督员或车辆驾驶员随时停用，在停用的情况下，使机动车辆独立进入最小风险状态； （9）以视觉、听觉或其他可感知的方式提前足够多的时间向技术监督员表明需要启动替代性驾驶操作、需要停用自动驾驶功能，以及向技术监督员显示有关其自身功能状态的信号； （10）车辆应确保具备足够安全的无线电通信，特别是与技术监督员之间的通信，并在安全无线电通信遭遇中断或被未经授权访问的情况下，使机动车辆独立进入最小风险状态。 3. 在发生其他损害导致技术设备不能独立完成驾驶任务的，若符合以下条件，也可被视为满足第2款第1项至第4项的要求： （1）技术设备能够确保技术监督员可以给出替代性驾驶操作指令； （2）第1项中提到的替代性驾驶操作是由技术设备独立完成，并且 （3）技术设备能够提前足够的时间以视觉、听觉或其他可感知的方式提示技术监督员发布驾驶操作指令。	

变更条款	条款新增内容	变更内容总结
第1e条	4. 符合第2款且制造商根据第1f条第3款第4项作出声明的，联邦汽车运输局应依制造商的申请为具有自动驾驶功能的机动车辆颁发运行许可证。 5. 对吊销具有自动驾驶功能的机动车运行许可证的异议，不具有中止效力。 6. 对吊销指定运行区域许可证的异议，不发生中止效力。	
第1f条	【参与自动驾驶功能车辆运营各方义务】 1. 自动驾驶车辆的保有人有义务维护道路安全和机动车辆的环境相容性，并为此采取必要的防范措施。他应当： （1）确保定期维护自动驾驶系统， （2）采取预防措施，以确保在无人驾驶模式下遵守其他不针对车辆驾驶的交通法规，以及 （3）完成技术监督任务。 2. 对自动驾驶车辆进行技术监督应履行以下义务： （1）一旦车辆系统依据第1e条第2款第4项和第3款通过视觉、听觉或其他可感知的方式提示技术监督员，并且车辆系统提供的数据能够对情况进行评估，应向车辆发出替代驾驶操作指令； （2）在车辆系统以视觉、听觉或其他可感知方式提示时立即停用自动驾驶功能； （3）评估技术设备发出的关于自身功能状况的信号，并在必要时采取相应的交通安全措施； （4）如果机动车辆处于最小风险状态，立即与乘客取得联系，并采取必要的交通安全措施。 3. 具有自动驾驶功能的机动车辆的制造商应履行以下义务： （1）向联邦汽车运输局和州主管机关证明，在汽车的整个开发和运营期间，汽车的电子和电气结构以及与汽车相关的电子和电气结构是安全的，未遭受攻击； （2）对机动车辆进行风险评估，并向联邦汽车运输局和州主管机关提供证据，说明风险评估过程，以及机动车的关键部件是否针对风险评估中确定的危害采取了安全措施；	1. 明确了自动驾驶车辆保有人的3项义务，即定期维护义务、预防义务、技术监督义务。 2. 明确了技术监督员的技术监督义务的具体内容。 3. 明确了自动驾驶车辆制造商的6项义务，总结后为3方面，即安全方面义务、紧急通知义务、培训义务。

（续表）

变更 条款	条款新增内容	变更内容总结
第 1f条	（3）提供自动驾驶无线电连接足够安全的证据； （4）对每辆机动车辆进行系统描述，起草操作手册并以有约束力的方式向联邦汽车运输局声明，其制造的自动驾驶车辆的系统满足第1e条第2，3款的要求； （5）为参与机动车辆操作的人员提供技术功能方面的培训，特别是针对驾驶功能和技术监督任务执行的培训； （6）一旦检测到机动车辆或其电子或电气结构或与机动车辆连接的电子或电气结构被操控，特别是在未经授权情形下使用机动车辆无线电连接时，立即通知联邦汽车运输局和州主管机关，并采取必要措施。	
第 1g条	【数据处理】 1. 具有自动驾驶功能的机动车辆的车主在机动车行驶过程中，有义务存储下列数据： （1）车辆识别号； （2）位置； （3）自动驾驶功能的使用、激活和停用的次数； （4）发生替代性驾驶操作的次数和次数； （5）系统监控数据，包括软件状态数据； （6）环境和天气条件； （7）网络参数，例如传输延迟和可用带宽； （8）已激活和停用的被动和主动安全系统的名称、这些安全系统的运行状况数据以及触发安全系统的实例； （9）车辆纵向和横向加速度； （10）速度； （11）照明设备状态； （12）自动驾驶车辆的电源状态； （13）从外部发送到机动车辆的命令和信息； 车辆所有人有义务根据请求将数据传输给联邦汽车运输管理局和联邦法律或州法律规定的有关主管部门，或者在联邦政府有权管理的联邦干道上，根据《基础设施公司成立法》所指的私法将数据传输给公司。在必要范围内：	对《道路交通法第八修正案》第63a条中对数据存储的规定进行了进一步展开，明确了数据的类别、保存情形、保存期限。

变更条款	条款新增内容	变更内容总结
第1g条	（1）联邦汽车运输管理局根据本条第4款和第5款履行其任务，以及 （2）联邦法律或州法律规定的有关主管部门，或者就联邦干线公路而言，在联邦政府负责管理情形下，根据《基础设施公司成立法》所指的私法，车辆所有人根据第6款履行其义务。 2. 本条第1款所指的数据在发生下列情况时应当保存： （1）技术监督部门介入； （2）在冲突场景中，特别是在发生事故和接近发生事故的场景中； （3）发生意外变道或转弯； （4）车辆运行过程中发生中断。 3. 自动驾驶车辆的制造商应在车辆上配备车主能够实际存储第1款和第2款规定数据的设备。制造商必须准确、清晰、通俗易懂地告知车主隐私设置选项及机动车辆在自动驾驶功能运行时处理的数据方式。车辆的相关软件必须提供如何存储和传输自动驾驶功能运行中产生的数据的选项，并使车主能够进行适当的设置。 4. 联邦汽车运输管理局有权在监控自动驾驶车辆安全运行所必要的范围内收集、存储和使用车主的以下数据： （1）第1款所述的数据，以及 （2）技术监督员姓名以及其专业资格证书。 如果车辆所有人根据《联邦数据保护法》第26条任命员工为技术监督员，则适用《联邦数据保护法》第26条。联邦汽车运输管理局一旦不再需要用于第1句所述目的的数据，应立即删除该数据。最迟不超过自动驾驶车辆停止运营之日起三年。 5. 除非是第1k条含义内所指的机动车辆，否则联邦汽车运输管理局有权根据第4款第1项以及第1款的规定，将从车主处收集的非个人数据用于与运输相关的公共利益目的。特别是用于以下机构的数字化、自动化和网络领域的科学研究以及道路交通事故研究：	

（续表）

变更 条款	条款新增内容	变更内容总结
第 1g 条	（1）高等院校； （2）非大学研究机构， （3）负责研究、开发、交通规划或城市规划的联邦、州和地方机构。 　　第 1 句中提及的实体只能将数据用于第 1 句中规定的目的。第 4 款第 2 句应比照适用。一般传输规则不受影响。 　　6. 根据联邦或州法律负责批准指定运行区域的当局，或者在联邦主干道上，只要联邦政府负责管理，根据《基础设施公司设立法》所指的私法，基础设施公司有权从车辆所有者处收集、存储和使用以下数据，只要这是检查和监控特定作业区域是否适合运营所必需的。具有自动驾驶功能的机动车辆，特别是用于检查和监控是否符合相关批准的条件以及是否符合相关条件： 　　（1）第 1 款所述的数据，以及 　　（2）技术监督员姓名以及其专业资格证书 　　根据联邦或州法律，或在联邦政府有权管理的联邦干道上，负责批准划定指定运行区域的有关部门，根据《基础设施公司设立法》所指的私法，一旦不再需要用于第 1 句所述目的的数据，应立即删除该数据。最迟不超过自动驾驶车辆停止运营之日起三年。 　　7. 在不影响第 1 款至第 6 款的情况下，第三方可以要求保有人提供有关根据第 1 款和第 2 款存储的数据的信息，只要此类数据对于主张、满足或辩护与第 7 条第 1 款规定的事件有关的法律赔偿是必要的，并且该事件涉及自动驾驶车辆。一旦不再需要数据来主张法律索赔，第三方必须立即删除数据，最迟在主张、满足或抗辩收集数据的索赔的诉讼时效届满时。仅允许第三方将这些数据用于第 1 句中规定的目的。	

变更条款	条款新增内容	变更内容总结
第1h条	【激活自动驾驶功能】 　　1. 如果机动车辆安装了本法范围内适用的国际法规中未描述的自动驾驶功能，则必须按照相关批准规定批准该机动车辆的运行。仅当该自动驾驶功能停用且排除自动驾驶功能对批准系统的影响时才允许授予运营许可证。 　　2. 在本法范围内的公共道路上激活注册机动车辆第1款含义内的自动驾驶功能只能在获得联邦汽车运输管理局颁发的特别许可证的基础上进行。仅当驾驶功能符合第1a条第3款、第1e条第2款或其他相关许可规定获得批准时，才能授予此授权。联邦汽车运输管理局应公布在这方面应遵守的技术要求。	
第1i条	【高度和完全自动驾驶功能测试】 　　1. 用于测试自动或无人驾驶功能开发阶段的机动车辆，只有在满足下列条件时才能在公共道路上运行： 　　（1）根据第2款，联邦汽车运输局已经为机动车颁发了测试许可证； 　　（2）机动车辆已按照第1条第1款登记； 　　（3）机动车辆完全用于测试目的； 　　（4）机动车辆的测试全程受到监控，方式具体如下 　　a）在自动驾驶功能方面，监控工作由对机动车辆技术发展具有可靠认识的驾驶人进行； 　　b）在无人驾驶功能方面，监控工作由一名对机动车技术发展有可靠认识的技术监督员在现场进行。 　　2. 第1款第1项中的测试许可证是由联邦汽车运输局经车辆保有人申请颁发的。联邦汽车运输局可以随时在测试许可证上增加附属条款，以确保车辆的安全运行。必须听取受影响当地的最高主管机关关于将运行限制在某一区域的附属意见。 　　3. 联邦汽车运输局应让联邦信息安全办公室参与信息技术安全事项的创建、实施和技术要求的进一步发展和评估。	1. 完善了自动驾驶汽车运营许可证相关规定。 　　2. 进一步明确自动驾驶汽车上路运营的程序性要求。

（三）义务、责任变化比较

1. 义务

德国对《道路交通法》的两次修正均未对交通事故责任构成进行调整。[①] 结合上文的修正内容，笔者在下文比较了德国传统驾驶和自动驾驶中各主体的义务和责任（见表2.3、表2.4）。

表2.3　《自动驾驶法》对《机动车辆保有人强制责任保险法》的修正内容

变更条款	条款新增内容	变更内容总结
第1条	《道路交通法》第1d条所指的具有自动驾驶功能的机动车辆的保有人有义务根据本条第1句为技术监督员购买并维持责任保险。	规定了自动驾驶车辆保有人对车辆以及技术监督员的保险责任。

表2.4　德国传统驾驶和自动驾驶义务比较

	2017年《道路交通法第八修正案》	2021年《自动驾驶法》[②]
制造商义务	1. 必须在系统说明中作出有约束力的声明，表明其车辆符合第1a条所规定的自动驾驶汽车应配备的技术条件。 2. 必须保证自动驾驶功能"能够遵循规范车辆行驶的交通法规"。[③] 3. 必须保证可以识别由驾驶员亲自控制驾驶的必要性。	1. L4级别汽车必须配备相应的技术设备，能够独立实现安全驾驶功能。[④]

[①] 张韬略、蒋瑶瑶：《德国智能汽车立法及〈道路交通法〉修订之评介》，载《德国研究》2017年第3期；何坦：《论我国自动驾驶汽车侵权责任体系的构建——德国〈道路交通法〉的修订及其借鉴》，载《时代法学》2021年第1期；韩旭至：《自动驾驶事故的侵权责任构造——兼论自动驾驶的三层保险结构》，载《上海大学学报（社会科学版）》2019年第2期。

[②] 张韬略：《迈入无人驾驶时代的德国道路交通法——〈自动驾驶法〉的探索与启示》，载《德国研究》2022年第1期。

[③] 2017年德国《道路交通法》第1a条；参见张韬略、蒋瑶瑶：《德国智能汽车立法及〈道路交通法〉修订之评介》，载《德国研究》2017年第3期。

[④] 德国《自动驾驶法》第1e条第2款，例如，能在指定运行区域"独立完成驾驶任务"而无须驾驶员介入，能独立遵守针对驾驶员的交通规则，等等。

	2017 年《道路交通法第八修正案》	2021 年《自动驾驶法》
制造商义务	4. 必须保证能够以各种可感知方式指示驾驶员亲自操控驾驶并为其预留充足的时间。 5. 必须保证以及预防驾驶员进行不规范操作。 6. 必须按照要求高度自动驾驶与无人驾驶汽车安装"黑匣子"以记录驾驶数据。①	2. 从研发到运营阶段的安全保障，应确保智能汽车各项功能正常。② 3. 对机动车进行风险评估。 4. 向联邦汽车运输局提供自动驾驶无线电连接、自动驾驶系统等安全的证据。 5. 为参与机动车辆操作的人员提供技术功能方面的培训。 6. 反黑客措施。
驾驶员义务	1. 驾驶员具有"不操作驾驶"的权利，但其必须保持警觉。③ 2. 驾驶员在车辆提示接管或遇到应当接管的具体情形时负有立即接管汽车驾驶的义务。	相同
保有人义务	1. 为车辆购置保险。 2. 将法律规定范围内的自动驾驶车辆存储数据传输给有关部门；在符合法定情形时，应将存储的数据传输给第三方。	1. 有义务采取必要措施，维护道路安全和车辆的环境相容性； 2. 定期维护系统以确保自动驾驶功能正常；

① 2017 年德国《道路交通法》，"黑匣子"设备记录包括车辆驾驶系统转变、驾驶员主动接管、系统故障等在内的诸多信息，一般情况下信息储存六个月，若涉及相关事故，则储存时间可延长至三年。

② 德国《自动驾驶法》第 1f 条第 2 款。这些义务分为两类：第一类针对车辆和系统本身的安全。车辆制造商应评估风险并对潜在危害采取防范措施，应向联邦汽车运输局证明履行了相关义务，并提供证据和有约束力的声明。第二类涉及系统操作人员和运营环境状况，例如为车辆配备操作手册和系统说明，为车辆操作人员提供针对驾驶功能和技术监督任务的培训，在检测到异常操纵时立即通知主管当局并采取必要措施。仅在符合相关安全要求时，联邦汽车运输局才会批准激活高度自动或者完全自动驾驶功能（第 1h 条）。

③ 2017 年德国《道路交通法》第 1b 条第 1 款："驾驶人可以通过符合第 1a 条的高度或完全自动驾驶功能脱离对车辆的控制状态；但在这样做时，他必须保持足够的洞察力，以便随时履行本条第 2 款规定的义务。"

（续表）

	2017 年《道路交通法第八修正案》	2021 年《自动驾驶法》
保有人义务		3. 采取预防措施以遵守交通规则； 4. 履行技术监督义务①，为履行该义务，车辆保有人必须指定一名有专业知识的自然人担任技术监督员②远程监控车辆，干预自动驾驶系统③； 5. 有义务对法定范围内的车辆行驶数据进行存储； 6. 将法律规定范围内的自动驾驶车辆存储数据传输给有关部门；在符合法定情形时，应将存储的数据传输给第三方； 7. 向联邦汽车运输局申请自动驾驶车辆测试许可证； 8. 扩大了机动车强制责任保险被保险人范围，保有人应为技术监督员购买和维护责任保险。④
技术监督员义务	无	按优先处理级别，监督义务包括： 1. 与下达车辆操作指令相关的技术监督义务。⑤

_____

① 德国《自动驾驶法》第 1f 条第 1、2 款。

② 德国《自动驾驶法》第 1i 条第 1 款第 4 项。

③ 德国《自动驾驶法》第 1d 条第 2 款第 1 项。

④ 德国《自动驾驶法》第 2 条，具有无人驾驶功能的机动车保有人应当根据《机动车强制保险法》第 1 条，为技术监督员购买和维护责任保险。

⑤ 德国《自动驾驶法》第 1e 条第 2 款第 4 项，例如批准自动驾驶系统提出的驾驶操作建议。德国《自动驾驶法》第 1 条第 3 款，例如在系统无法独立完成驾驶任务时，根据提示和评估，发出驾驶操作指令。德国《自动驾驶法》第 1e 条第 2 款第 8 项，例如在系统不能应付驾驶任务亦无法主动进入最小风险状态时，立即停用自动驾驶系统。

（续表）

	2017 年《道路交通法第八修正案》	2021 年《自动驾驶法》
技术监督员义务		2. 与车况相关的技术监督义务，但技术监督员没有义务在自主驾驶功能运行时对车辆进行持续监控。① 3. 与交通环境相关的技术监督义务。②

2. 责任

如前文所述，《第八修正案》和《自动驾驶法》均未实际变更德国道路交通领域的侵权责任分配模式，而是采取渐进式的"小型解决方案"，即在现有法律框架之内，以法律教义学方法解决人工智能带来的新问题，以克制的态度适度演进法律。在大框架不变的前提下，两次修订的《道路交通法》对自动驾驶汽车的归责问题在一定程度上作出了回应，赋予了自动驾驶汽车道路交通责任与产品责任新的内容。

三、德国自动驾驶法律责任分配

前文笔者对德国自动驾驶汽车法律条文及责任义务变化过程进行了总结，描绘了德国自动驾驶立法体系的宏观图像。下文笔者将基于该宏观图像，结合德国整体的道路交通法体系（见表 2.5），详细阐述德国自动驾驶法律体系实际应用模式与法律责任最终分配路径。

---

① 德国《自动驾驶法》第 1f 条第 2 款第 3 项，例如评估技术设备发出的车况信号，并在必要时采取相应的安全措施。

② 德国《自动驾驶法》第 1f 条第 2 款第 4 项，例如一旦车辆处于最小风险状态，立即与乘客取得联系，并采取保障交通安全的必要措施，包括激活危险警示灯，发出紧急呼叫，联系其他道路使用者或主管部门等。

表 2.5　德国传统驾驶和自动驾驶责任比较

	传统驾驶	2017 年《道路交通法第八修正案》	2021 年《自动驾驶法》①
制造者责任	依据《产品责任法》②，对造成的损害承担无过错责任。③	相同	
生产商责任	依据德国《民法典》，生产者承担过错责任。④		
驾驶员责任	1. 驾驶人承担过错推定责任。⑤ 2. 驾驶员在因系统故障所引致的不可避免的交通事故中不需要承担损害赔偿责任。⑥		

---

① 张韬略：《迈入无人驾驶时代的德国道路交通法——〈自动驾驶法〉的探索与启示》，载《德国研究》2022 年第 1 期。

② 德国《产品责任法》第 4 条和第 5 条，自动驾驶汽车的"制造商"主要包括车辆的生产商、进口商或者缺陷零部件的供应商，他们应作为共同债务人，对造成受害人的损害承担连带责任。

③ 德国《产品责任法》第 1 条，如果智能汽车具有产品缺陷，不符合德国《道路交通法》第 1 条规定的制造标准，可根据德国《产品责任法》第 1 条的规定，由汽车制造商对产品缺陷造成的损害承担无过错责任。同时根据该法第 1 条第 1 款、第 10 条以及第 11 条规定，产品责任中的产品限于用户私用产品，对于缺陷产品造成的损失受害人应当自行承担 500 欧元的损失，超出该范畴才能向生产者提出索赔，且索赔也以 8500 万欧元为最高限额。

④ 以德国《民法典》第 823 条第 1 款为基础，结合该法第 276 条规定的交往安全义务对生产者苛以"生产者责任"；对于生产商，其产品责任的成立需要证明产品存在缺陷，并且是由于该产品缺陷导致了事故的发生。

⑤ 驾驶员在事故中被推定负有过错，只有当其提供证据推翻此推定时，才能够免于承担责任。参见何坦：《论我国自动驾驶汽车侵权责任体系的构建——德国〈道路交通法〉的修订及其借鉴》，载《时代法学》2021 年第 1 期。

⑥ 德国《民法典》第 823 条和 2021 年德国《道路交通法》第 18 条。

（续表）

	传统驾驶	2017 年《道路交通法第八修正案》	2021 年《自动驾驶法》
保有人责任①	1. 承担严格的无过错责任。② 2. 除非具有法律规定的免责事由： （1）不可抗力或者他人无权驾驶所导致； （2）因车辆保有人的过错使机动车能够使用的，车辆保有人应当承担损害赔偿责任。 3. 自动驾驶系统失灵不能作为免责的不可抗力事由。③ 4. 三种排除机动车保有人危险责任的情况： （1）平地最高时速不允许超过每小时 20 公里的机动车，如挖土机等； （2）机动车保有人自己一方的人为受害人； （3）自己一方机动车中所运载的物品受损。④	1. 责任及免责事由相同。 2. 赔偿限额变更： 提高车主无过错赔偿责任的赔偿额度，将车主在自动驾驶情形下最高赔偿额度提高到原来的两倍。⑤	1. 责任相同，免责事由相同，但保有人的危险责任无一例外适用于所有自动驾驶汽车，包括拖车且不限速。⑥ 2. 赔偿限额，将适用于高度和完全自动化驾驶车辆的双倍最高责任金额延至无人驾驶汽车。⑦

---

① 保有人是指以自己的名义暂时或长期使用或处置机动车或挂斗的人。

② 德国《道路交通法》第 7 条第 1 款。

③ 德国《道路交通法》第 7 条第 2、3 款。

④ 德国《道路交通法》第 8 条。

⑤ 2017 年德国《道路交通法》第 12 条规定了机动车保有人责任适用最高限额，对于死亡或人身损害的最高赔偿额从 500 万欧元提升至 1000 万欧元，对于财产损失的最高赔偿额从 100 万欧元提升到 200 万欧元。

⑥ 德国《自动驾驶法》第 1 条第 2—5 款。

⑦ 德国《自动驾驶法》第 12 条第 1 款。

（续表）

	传统驾驶	2017 年《道路交通法第八修正案》	2021 年《自动驾驶法》
技术监督员责任	无	无	1. 承担一般侵权责任。①
赔偿额度	1. 一人死亡或受伤，总金额 60 万欧元。 2. 同一事件多人死亡或受伤，在不影响第 1 条规定的限制下，总金额为 300 万欧元。 3. 出租或有偿载客：上述限额不适用于有责任支付赔偿的机动车或拖车的车主。 4. 财产损失：最高赔偿总额为 30 万欧元，即使同一事件导致多个物体受损。②	1. 同一事件导致一人或多人受伤、死亡，总金额不超过 500 万欧元。 2. 对于因使用符合第 1a 条的高度或完全自动驾驶功能运行期间造成的损害，赔偿总金额最高不超过 1000 万欧元。 3. 有偿乘客的商业运输：当超过八名乘客死亡或受伤时，每增加一名乘客死亡或受伤，运输机动车辆保有人的赔偿责任将增加 60 万欧元。 4. 财产损失：最高赔偿总额为 100 万欧元，即使同一事件造成多件财产损失；如果损坏是由于根据第 1a 条使用高度或完全自动驾驶功能运行期间造成的，最多不超过 2 万欧元。③	4. 财产损失：最高赔偿总额为 100 万欧元，即使同一事件造成多件财产损失；如果损坏是由于根据第 1a 条使用高度或完全自动驾驶功能，或在根据第 1e 条在自动驾驶功能运行期间造成的，最多不超过 2 万欧元。④

---

① 德国联邦政府认为技术监督员应根据德国《民法典》第 823 条一般侵权责任规定承担侵权责任，有别于汽车保有人所承担的无过错责任。

② 德国《道路交通法》第 12 条。

③ 2017 年德国《道路交通法》第 12 条。

④ 德国《自动驾驶法》第 12 条。

结合各国相关立法以及从比较法的角度来看，自动驾驶汽车致害问题适用保有人责任是目前的主流观点。德国联邦交通研究所经调研后认为，德国《道路交通法》有关保有人的严格责任与驾驶员事故过错推定责任的相关规则，可以适用于自动驾驶的情形。[1] 因此总体看来，德国关于自动驾驶汽车法律责任的分配路径与传统汽车法律责任分配路径并非天差地别，而是在架构不变的前提下，仅针对责任主体、具体责任、赔偿限额等进行内容上的修改，这也符合德国法教义学的主张（见图 2.1）。

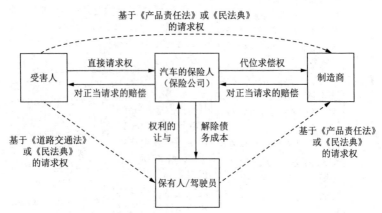

图 2.1 德国（高度自动化和完全自动化）机动车辆造成损失的责任和保险框架 [2]

（一）自动驾驶汽车制造商的责任

如前文所述，德国目前的自动驾驶车辆相关立法体系并未动摇现行交通事故法律责任分配路径，但在第 1a、1d、1e、1f、1g 条中

---

[1] 潘喆、陆丽鹏：《自动驾驶汽车致人损害责任的认定分歧与出路》，载《上海法学研究》集刊 2022 年第 5 卷。

[2] Fabian PÜTZ, et al., Reasonable, Adequate and Efficient Allocation of Liability Costs for Automated Vehicles: A Case Study of the German Liability and Insurance Framework, European Journal of Risk Regulation, doi:10.1017/err.2018.35.

都对自动驾驶汽车制造商在生产车辆过程中车辆所应达到的技术标准与配置标准作出规定，这相较于传统汽车赋予了制造商新的产品责任与生产者责任。

1. 制造商的产品责任

德国《产品责任法》第 1 条规定，制造商对其产品缺陷所造成的损害应承担无过错责任。[①] 当因设计缺陷、制造或指令错误等原因导致自动驾驶车辆事故时，受害人可以根据《产品责任法》第 1 条的规定要求制造商进行损害赔偿。而针对制造商的主体范围，根据该法第 4 条和第 5 条的规定，自动驾驶汽车的制造商主要包括车辆的生产商、进口商或者缺陷零部件的供应商。当因该法第 1 条所规定原因出现交通事故并造成损害时，上述制造商应作为共同债务人，对给受害人造成的损害承担连带责任。[②] 当制造商承担无过错

①　德国《产品责任法》第 1 条（责任）：（1）如果缺陷产品造成他人死亡、人身或健康伤害、财产损害，生产者应当就造成的损害对受害者予以赔偿。在造成财产损害的情况下，只有受到损害的是缺陷产品以外的财产，且该财产通常是用于私人使用或消费，而且受害者主要为这种目的而获取该财产，才适用本法。（2）有下列情形之一，生产者不承担责任：未将产品投入流通；根据有关情况，很可能在产品投入流通时造成损害的缺陷并不存在；产品既非为销售或经济目的的任何形式的分销而制造，亦非在其商业活动过程中制造或分销；产品的缺陷是为使产品符合投入流通时的有效法律而造成的；产品投入流通时，依当时的科学技术水平尚不能发现其缺陷。（3）如果产品的缺陷可归因于产品的设计，或可归因于产品制造者对零部件制造者发出的指令，则装配进该产品的零部件的制造者不在产品制造者之外承担责任。对原材料的生产者亦比照适用前述规定。（4）受害者应当对缺陷、损害以及两者的因果关系负举证责任。对适用上述第（2）款、第（3）款免除生产者责任有争议的，产品的生产者应负举证责任。

②　德国《产品责任法》第 4 条（生产者）：（1）为本法之目的，"生产者"指成品制造者、任何原材料的生产者和零部件的制造者。它还将其名字、商标或其他识别特征标示在产品上表明自己是生产者的任何人。（2）任何人在商业活动过程中，为销售、出租、租借或为以经济目的的任何形式的分销，将产品进口、引进到适用欧洲共同体条约的地区，也应当视为生产者。（3）在产品的生产者不能确认的情况下，供应者应当被视为生产者。除非他在接到要求的一个月内将产品生产者的身份或向他供应产品的人告知受害者。在进口产品情况下，如果产品不能表明上述第（2）款规定的人员的身份，即使产品有生产者的名字，产品的供应者仍应当被视为生产者。

责任时，受害人仅须对产品缺陷、损害结果以及产品缺陷与损害结果之间的因果关系进行举证。当产品不能提供符合一般预期的合理的安全性能时，可认为产品具有德国《产品责任法》第 3 条规定的产品缺陷。①

例如，德国《第八修正案》第 1a 条第 2 款第 2 项要求自动驾驶系统在控制车辆的过程中，能够遵循规范车辆行驶的交通法规，这意味着自动驾驶汽车应当能识别交通标识和指引装置，并依据交通法规结合具体情况作出合理合法的行驶决策。当自动驾驶汽车因系统软件设计或功能缺失，未能遵守交通法规从而引发事故或未能预防事故发生，造成或未能预防原本人类驾驶员尽到合理的注意就可以避免的损害时，就可以认定该系统具有缺陷。《自动驾驶法》第 1e 条第 2 款中对自动驾驶车辆配备设备作出了技术要求，并规定了若干车辆应当进入最小风险状态的情形。当出现规定情形而车辆没有进入最小风险状态时，同样可以认定该系统存在缺陷，并要求制造商承担产品责任。只有出现德国《产品责任法》第 1 条第 2 款第 4 项所规定的情况，即造成损害的车辆在投放市场时已遵循有效的强制性法规，但损害的发生是因车辆投放时的科技水平尚不能发现的缺陷所导致，即所谓的"发展缺陷"，才可以免除制造商责任。

2. 制造商的生产者责任

为了准确查明事故的发生原因，2017 年德国《第八修正案》通过立法的形式明确要求高度自动驾驶与无人驾驶汽车安装数据存储

---

① 德国《产品责任法》第 3 条（缺陷）：(1) 考虑到下列所有情况，产品不能提供人们有权期待的安全性，就是存在缺陷的产品：产品的说明；能够投入合理期待的使用；投入流通的时间。(2) 不得仅以后来投入流通的产品更好为理由，认为以前的产品有缺陷。

设备，即"黑匣子"以记录驾驶数据，存储的数据强制要求半年的保存期限。[1]2021年《自动驾驶法》进一步深化了有关数据存储的规定，对数据存储的内容、存储情形、用途等进行了细化，同时明确了自动驾驶汽车生产者与保有人的数据存储义务。

汽车制造商承担前文所述的产品责任存在一定的限制，根据德国《产品责任法》第1条第1款、第10条[2]以及第11条[3]规定，产品责任中的财产损害限于缺陷产品之外遭受损害的用户私用财产，但对这类财产损害，受害人应当自行承担500欧元的损失，超出该范畴才能向生产者提出索赔，且索赔也以8500万欧元为最高限额。因此当消费者因制造商责任蒙受损失时，单独适用产品责任不利于对其权利的保护。同时由于最终制造商把控产品生产的全部流程，对产品缺陷的责任也相对重大，且其具有较强的赔付能力。因此当出现超出赔偿限额或侵害的是非私有物的情况下，德国法上就要求按照以德国《民法典》第823条第1款为基础，结合该法第276条规定的交往安全义务对生产者苛以"生产者责任"，即如果生产者因故意或过失对产品设计、制造、警示未能达到合理期待标准，违反一般交通安全义务，就应当对缺陷产品造成的损害进行赔偿。和产品责任不同，生产者责任是过错责任。此外，生产者责任中的"生产者"也被立法者限制为"成品生产者以及必要情况下的

---

[1] 韩旭至：《自动驾驶事故的侵权责任构造——兼论自动驾驶的三层保险结构》，载《上海大学学报（社会科学版）》2019年第2期。

[2] 德国《产品责任法》第10条（最高限额责任）：（1）如果人身伤害是由产品或具有相同缺陷的相同产品造成的，则有责任支付损害赔偿金的一方最多只承担8500万欧元的赔偿责任。（2）如果向多个受害方支付的综合赔偿超过第1款规定的最高金额，则个人赔偿应按比例减少至最高金额。

[3] 德国《产品责任法》第11条（财产损害赔偿的最低起点）：在造成财产损害的情形下，损失超过500欧元的才对受害者予以赔偿。

销售商"①，即产品责任中属于制造商的进口商或者缺陷零部件的供应商不承担生产者责任。虽然生产者责任属于过错责任，但是鉴于司法实践中可能存在生产者与用户之间信息掌握不平衡的情况，法官通常要求生产者自行证明对生产设计、制造以及警示没有过错，即在过错证明上实现举证责任倒置。

（二）自动驾驶汽车系统开发者的责任承担

自动驾驶系统提供者一般要对汽车进行改装，安装必要的雷达、传感器、摄像头等硬件设备，同时研发自动驾驶软件系统，执行驾驶任务。一般而言，当汽车被改装成自动驾驶汽车后，汽车制造商不对改装后的缺陷承担责任。②但该种情形仅针对汽车制造商与系统开发者二者分离的情形，就将汽车制造与系统开发实现产业融合的企业（如特斯拉）而言，其显然需要承担整车的全部责任。

2017年德国《道路交通法》、2021年德国《自动驾驶法》对自动驾驶系统的技术、配备设施等进行了规制，但没有明确将自动驾驶软件系统开发者纳入法律责任承担主体。按照德国《产品责任法》第2条的规定，"产品"是指任何动产，即使其已被装配在另一动产或不动产之内，还包括电力。讨论此类事故中造成损害后果的"产品"时，除了包括车辆本身，是否还应当包括车辆的硬件、软件以及网络平台提供的服务等尚存有争议。除了车辆零部件之外，将包含软件、运输服务等在内的信息产品、服务产品也纳入产品的范畴，要求系统开发商承担严格责任，无疑将更有利于充分保

_____

① Fuchs, Maximilian, Delikts- und Schadensersatzrecht, 9. Auflage, 2016, S.143; BGH NJW 1994, 517.
② 曹建峰：《全球首例自动驾驶汽车撞人致死案法律分析及启示》，载《政策评论》2018年第6期。

护受害人的权益。

不同学者对于软件系统开发商的责任持不同观点。有学者对"产品"作限缩解释，认为"产品"仅包括车辆本身和零部件等硬件设备，因软件和服务引起的损害赔偿责任则可交由违约责任处理。[①]当因外部数据错误、通信中断等导致交通事故时，如果自动驾驶系统是依据这一错误信息运行、判断而导致事故发生的，则应当认为存在构造缺陷或者功能故障，数据的提供者、加工者等基于合同承担违约责任。合同的类型包括生产者的业务委托合同、许可合同、访问权限合同、技术服务合同等。由于数据提供者或者软件提供者受到汽车制造商的业务委托，故应当根据委托合同承担承包或者委托责任，或者根据许可合同、访问权限合同、技术服务合同承担违约责任。但在笔者看来，这种观点显然不利于受害人的权益保护。在这种观点下，软件开发者与受害人之间不存在合同关系，因此也没有直接赔付义务，受害人仅能通过向制造商索赔来获得赔偿，大大限缩了受害人权益，同时也将程序复杂化。

但也有学者认为，软件系统属于"产品"。[②]在实务上，软件属于产品责任意义上的产品已为我国司法判决所肯定，比如2015年的一起事故中，机动车发生重大事故致驾驶者死亡，该车辆属于召回产品，召回原因为安全气囊控制单元的软件参数设置存在问题[③]，

---

① 陶盈：《自动驾驶车辆交通事故损害赔偿责任探析》，载《湖南大学学报（社会科学版）》2018年第3期。

② 参见王琦：《开发自动驾驶技术要承担怎样的产品责任？》，载方小敏主编：《中德法学论坛（第16辑上卷）》，法律出版社2019年版。

③ 一汽大众公司于2014年10月29日在国家质检总局缺陷产品管理中心官网上发布了"一汽大众汽车有限公司召回部分进口奥迪A4和国产奥迪A4L汽车"的通知。该通知载明："本次召回范围内部分车辆由于安全气囊控制单元的软件参数设置问题，在极个别侧面特殊角度的碰撞情况下，可能导致前部安全气囊无法正确开启，存在安全隐患。一汽大众公司将为召回范围内的车辆的安全气囊控制单元进行软件升级，以消除安全隐患。"

我国法院认为生产者、销售者负有对产品缺陷采取补救措施的积极作为义务，应承担 80% 的责任。由此，我国所规定的机动车的产品缺陷不限于硬件缺陷，同样也包括运行于其上的软件缺陷，自动驾驶汽车系统提供者同样依据中国产品责任法相关法律承担责任。

德国业界在探讨自动驾驶车辆的产品责任时，也基本将自动驾驶车辆的自动化控制系统纳入产业责任范畴，并将其中的突出问题归结为"在科学因果关系的意义上确定个别情况下事故损害的相关原因"，例如通过"黑匣子"来查明自动驾驶系统的运行状况。① 综合来看，认可软件和"自动控制系统"属于产品的思路，显然更加符合德国法的法教义学，也有助于简化致损之后对受害人的救济，数据的提供者、加工者的违约责任承担应该属于后期的追偿问题。

（三）自动驾驶经销商的责任承担

经销商必须在他认识到产品具有危险或风险时，至少进行一定回应。转交车辆的人必须告知驾驶人 2023 年德国《道路交通法》第 1 条第 1 款所规定的全部使用条款，并应当向其演示如何操作自动驾驶系统，否则该转交人会因缺乏指导而对驾驶人造成的损害承担责任。演示者可以根据德国《道路交通法》第 1 条第 2 款规定的系统描述进行演示。如果演示者对车辆使用进行了不充分、与技术状况不相符合的描述，则其应当就车辆造成的损害承担相应的责任。

除此之外，如前文所述根据德国《民法典》规定，在必要情形下经销商需要承担生产者责任。当经销商或研发单位在其销售或测

---

① ［德］马库斯·毛雷尔等：《自动驾驶——技术法规与社会》，机械工业出版社 2021 年版，第 430—431 页。

试过程中造成他人合法权益损害，那么除了自动驾驶车辆的保有人外，制造商、供应商、技术人员、测试工程师等都须为其违反一般交通安全义务承担责任。[①] 他们应当尽到的注意必须包括认识到自动驾驶车辆尚未达到准入条件这一事实，由于自动驾驶系统是具有创新性的高风险产品，因此应当致力于研究其可能产生的损害风险并对此提出严格的要求。

（四）自动驾驶服务运营商的责任承担

在自动驾驶可能的商业运营模式下（详见第三章），由整车制造企业负责自动驾驶汽车的量产，由解决方案提供商提供技术服务，由服务运营商搭建大数据平台，例如智能道路、车联网、云平台等技术服务的提供者负责车队的管理和运营，为终端用户提供服务。2017 年德国《第八修正案》、2021 年德国《自动驾驶法》没有规定此类自动驾驶服务运营商的责任。

笔者认为，在德国法相关规定之下，必须根据个案情况，分辨这类自动驾驶服务运营商的法律性质和地位。这类自动驾驶服务运营商可能扮演了经销商或者系统提供者，甚至可能是汽车车主（出借人）的角色，才能分析出该运营商所应承担的法律责任。因暂不存在相关立法，此处不作详细讨论。

（五）自动驾驶车辆保有人的责任承担

1. 无过错责任（危险责任）

保有人并非所有人，而是指为自身利益而使用机动车的人，德

[①] "类似价值链中的责任分配"，Bodungen/Hoffmann, Autonomes Fahren-Haftungsverschiebung entlang der Supply Chain, NZV 2016, S.507。

国法上保有人是交通事故责任的主体。① 具体而言，在德国法中，机动车的"保有人"是指以自己的名义暂时或长期使用或处置机动车或挂斗的人。在机动车外借或租赁情形发生时，因承租人将机动车或挂斗用于自己的目的并进行处置，其应当被认定为除机动车所有人外的机动车保有人。德国的自动驾驶立法体系并未针对自动驾驶汽车修改以上规则，因此保有人的确定方法同样适用于自动驾驶汽车的保有人，即应按照德国《道路交通法》第 7 条的规定承担无过错责任。

　　针对机动车辆保有人，2023 年德国《道路交通法》第 7 条第 1 款规定在机动车或由机动车牵引的拖车的运行中，造成他人死亡、身体或健康受到侵害或物被损坏的，则保有人有义务赔偿受害人因此所遭受的损害。据此，保有人应对因其车辆导致的人身与财产损害承担无过错责任。对于机动车保有人责任的成立来说，重点是损害须由机动车运行所具有的特别危险所造成。

　　同传统的保有人所具有的免责事由相同，根据德国《道路交通法》第 7 条第 2、3 款的规定，只有损害系由"不可抗力"（hohere Gewalt）或"无权驾驶"（Schwarzfahren）所导致，才可免除保有人的赔偿责任。第 7 条第 3 款规定的"无权驾驶"导致责任免除，主要是指当驾驶人在没有告知保有人或在违背保有人意愿的情况下使用车辆时，保有人免除赔偿责任。

　　除上述免责事由外，德国《道路交通法》第 8 条还规定了三种排除机动车保有人无过错责任的情况：（1）平地最高时速不允许超过每小时 20 公里的机动车，如挖土机等；（2）机动车保有人自己

---

① 王利明、周友军、高圣平：《侵权责任法疑难问题研究》，中国法制出版社 2012 年版，第 431 页。

一方的人为受害人；（3）自己一方机动车中所运载的物品受损。对于这三种情况，机动车保有人只依照合同法或侵权法上的过错责任规定承担责任。

若损害由两辆以上的机动车造成，且肇事的机动车保有人依法都应当向第三人承担损害赔偿责任，则在肇事的机动车保有人之间，视事故主要由谁引起而确定责任以及责任范围。在这种情形中，机动车驾驶人的责任也由机动车保有人承担，并且免责的条件不再是不可抗力，而是过去所用的概念即"不可避免的事件"。[①]

按照 2017 年德国《道路交通法》新修订的内容，当保有人符合上述特征时，其责任得以免除。但其不能将自动控制系统失灵视为可以免除责任的不可抗力，因为操控失灵并非极不寻常的外部影响，而是属于自动驾驶汽车典型的潜在风险，应当归属于产品责任。

2. 一般侵权责任

除无过错责任外，德国《民法典》第 823 条及以下条文规定的一般侵权责任也可以成为受害人要求保有人承担损害赔偿责任的法律依据。一般侵权责任的实际意义在于，当损害超过 2023 年德国《道路交通法》所规定的赔偿限额或者受害人违反了该法第 15 条的通知义务[②] 而失去依保有人责任的规定请求获得赔偿的权

---

① 郑冲：《德国机动车民事责任之规定及其对我国立法的借鉴》，载《法学杂志》2007 年第 1 期（注：郑冲将德文的 Halter 翻译为"持有人"，目前国内统一表述为"保有人"）。

② 2023 年德国《道路交通法》第 15 条："有权获得赔偿的人，如果在知道损害和赔偿责任人的身份后两个月内不将事故通知负有责任的人，他将丧失根据本法规定应享有的权利。如果由于有权获得赔偿的人不负责任的情况而遗漏了通知，或者如果赔偿责任人在规定期限内以任何其他方式意识到事故，则不会发生权利丧失。"

利时 ①，受害人可以要求车辆保有人承担一般侵权责任来维护自身的合法权益。

3. 无过错责任和一般过错责任的竞合

机动车交通事故不论发生于机动车之间还是机动车与其他交通参与者之间，只要具备一般过错侵权责任的构成要件，就可以适用过错责任，即便法律另外规定了无过错责任，也只会发生请求权竞合。诚如德国《道路交通法》第 16 条所明确规定的，该法第 7 条规定的不以过错为要件的机动车保有人责任与《民法典》第 823 条及以下条文规定的一般过错责任可以并存。也就是说，这里可能存在请求权竞合的问题。不过，由于无过错责任的构成要件更容易具备，因此在德国，受害人一般会选择以无过错责任作为请求权基础，只有在无过错责任由于某种原因被排除适用或者损害赔偿请求权的数额受到限制时，才会选择过错责任寻求救济。②

4. 受害人过错

此外，在按照德国《道路交通法》第 7 条确定机动车保有人的无过错责任后，在确定机动车保有人具体的赔偿范围时，还要看损害是否以及在多大程度上系由受害人所引起。如果最终确定损害主要是由受害人引起，比如在机动车驾驶人没有违反交规和操作不当而行人或非机动车驾驶人严重违反交规时，机动车保有人的责任可以相应缩减，甚至可以缩减为零。③

德国法理和判例认为，凡参与道路交通的人均应遵守交通规则

---

① 参见沈小军：《德国机动车强制责任保险研究》，载方小敏主编：《中德法学论坛（第 14 辑下卷）》，法律出版社 2018 年版。

② 汪世虎、沈小军：《我国机动车之间交通事故归责原则之检讨——以德国法为参照》，载《现代法学》2014 年第 1 期。

③ 参见《帕兰特德国民法典评注（第 64 版）》，德国贝克出版社 2005 年版，第 309 页。

和承担相应的注意义务。该注意义务不仅局限于机动车驾驶员，也包括了行人、非机动车驾驶员等所有道路交通参与人员。当行人和非机动车驾驶员实施违规穿越道路、逆向行驶等交通违规行为时，一旦发生事故造成损害，行人和非机动车也必须因其过错而承担责任。[1] 依照德国《道路交通法》第9条的规定，在因运行机动车而引发的事故中，如果受害人对于损害的发生也具有过错，受害人应当依照《民法典》第254条承担责任。[2]

德国《道路交通法》亦明确规定，发生交通事故后，先由车辆保有人（通过保险）承担责任，最后再向制造商追偿。[3] 德国《道路交通法》第7条第1款规定，机动车或由机动车牵引的拖车在运行过程中，造成他人死亡、身体或健康受到侵害或物被损坏的，则保有人有义务赔偿受害人因此所造成的损害。德国修改后的《道路交通法》虽然提高了强制保险的赔偿数额，但没有改变保险费的承担者。在这个意义上，《道路交通法》实际上没有改变目前的责任分配方式。具体而言，其选择的方案是受害人通过强制保险获得赔偿，继而由保险公司向生产者追偿。[4]

（六）自动驾驶车辆驾驶员的责任承担

自动驾驶汽车驾驶员是指启动2017年德国《道路交通法》定

---

[1] 郑冲：《德国机动车民事责任之规定及其对我国立法的借鉴》，载《法学杂志》2007年第1期。

[2] 德国《道路交通法》第9条（与有过失）："如果受害人的过错导致了损害的发生，德国《民法典》第254条的规定适用，但条件是，如果是财产受到损害的，实际控制该财产的人的过错与受害人的过错相等。"

[3] 潘喆、陆丽鹏：《自动驾驶汽车致人损害责任的认定分歧与出路》，载《上海法学研究》集刊2022年第5卷。

[4] 冯洁语：《人工智能技术与责任法的变迁——以自动驾驶技术为考察》，载《比较法研究》2018年第2期，第150—152页。

义的高度或完全自动驾驶功能，利用其控制汽车驾驶的人，即使其在按规定使用该功能的时候不亲自驾驶车辆（第 1a 条第 3 款）。驾驶员有权在驾驶期间借助高度或完全自动驾驶功能不亲自进行驾驶操作（第 1b 条第 1 款），但智能汽车驾驶员也承担了相应的警觉和接管义务（第 1b 条第 2 款）。警觉义务是指在不亲自驾驶期间必须保持警觉，以便能随时履行法定的接管义务。接管义务是指当高度或完全自动系统向驾驶员发出接管请求，或者驾驶员意识到或基于明显状况应当意识到，车辆不再具有高度或完全自动驾驶功能所预设的使用条件时，驾驶员有义务立即接管汽车驾驶。[1]

对于车辆驾驶人的责任认定，2017 年德国《道路交通法》第 18 条第 1 款规定如果损害不是由驾驶人的过错引起的，免除其赔偿责任。可见，机动车驾驶人承担的是过错推定责任。只有当其提供证据推翻此推定时，才能够免于承担责任。必须由驾驶人举证自己履行了 2017 年德国《道路交通法》第 1b 条规定的应尽的操作和接管义务（正面证明），或借助智能汽车数据存储系统来判断事故发生时汽车内部操控系统的具体状态和事故原因（反面证明），以推翻过错推定。[2]

按照 2017 年德国《道路交通法》第 63a 条第 3 款的规定，自动驾驶汽车的数据存储系统（Datenspeicherung）可以确定事故发生时操控系统的状态，因此驾驶人可以依据第 63b 条的规定要求保有人提供为免除其责任所必需的数据，通过数据分析得出事故是由爆胎、刹车失灵等机械错误导致，即可证明驾驶人对于汽车失控无过错，因此也无须就所造成的损害进行赔偿。此外，自动汽车的驾驶

---

① 参见张韬略、蒋瑶瑶:《德国智能汽车立法及〈道路交通法〉修订之评介》，载《德国研究》2017 年第 3 期。

② 参见张韬略、蒋瑶瑶:《德国智能汽车立法及〈道路交通法〉修订之评介》，载《德国研究》2017 年第 3 期。

人还可以证明即使其履行了应尽的义务仍不能避免损害的发生来否定其过错。[1]

德国《道路交通法》中驾驶员事故过错推定责任有责任限额，超出责任限额的部分，受害人得依德国《民法典》第823条第1款要求驾驶人承担过错责任。[2]

第二节　日本自动驾驶立法进程

为了允许无人驾驶这一新型运行形态，对应的道路交通法和保险责任赔偿体系都须作相应的调整，日本预计到2025年左右将现行的道路自赔责任和保险责任赔偿机制运用于自动驾驶汽车。日本于2020年4月和2023年4月修订《道路交通法》、确保车身安全的《道路运行车辆法》以及保安标准的修改法等，从总体而言，2020年4月修正主要针对L3级别自动驾驶的要求，2023年4月则主要针对L4级别自动驾驶（高度自动驾驶）的期待[3]，即是将"自动运行装置"的运行包含在"驾驶"中的修正，进而使日本成为世界上最快完善三级解禁框架的国家。

日本对于《道路交通法》的两次修改，2020年修法主要针对自动驾驶技术的实用化，2023年的修法则主要创设了特定自动驾驶

---

[1] 参见何坦：《论我国自动驾驶汽车侵权责任体系的构建——德国〈道路交通法〉的修订及其借鉴》，载《时代法学》2021年第1期。

[2] 德国《道路交通法》第18条规定，"车辆驾驶者在车辆运行过程中，对他人造成损害的，对所生损害负赔偿责任，但能证明自己尽到注意义务的或者事故是机动车本身的质量缺陷造成的除外"。参见全国人大常委会法制工作委员会民法室编：《侵权责任法立法背景与观点全集》，法律出版社2010年版，第725页。

[3] 此处2020年以及2023年年份的选择以法律施行的年份为准，而非颁布年份。

的许可制度。本节将介绍日本《道路交通法》这两次修订的主要内容，以及剖析自动驾驶所涉各主体责任的承担。

一、法律修订和事故责任的主要法律关系分析

（一）法律修订

日本计划于2020年年底实现家庭乘用车在普通道路上自动驾驶支持（L2级别）的开发检验，以及在高速道路上自动驾驶（L3级别）的大规模实验，并将相应成果进行普及扩大，这期间的自动驾驶系统主要以限定区域内的远距离监控为主。在2020年4月的修法中，主要的修法要点集中在以下三处：（1）有关自动驾驶装置的定义；（2）运行状态记录装置的记录内容；（3）驾驶装有自动驾驶装置的驾驶员义务相关规定（具体修订的重点条文见表2.6）。

表2.6　2020年日本《道路交通法》重点修订条文

新　增	具　体　规　定
第2条	【特定自动驾驶】 第1款13-2项　自动驾驶装置，即《道路运行车辆法》第41条第1款第20项规定之自动驾驶装置。 第1款17-1项　驾驶在道路上，车辆或者路面电车（以下简称"车辆等"）以其预设的方法运行称之为驾驶（包括使用自动驾驶装置的情形）。
第63-2—2条	【运行状态记录装置的记录内容】 第2款1项　机动车的使用者以及其他对机动车装置设置负有责任之人或者驾驶员，在使用装有自动驾驶装置的机动车时，若发现运行状态记录装置无法满足《道路运行车辆法》第41条第2款的规定，对必要的信息进行正确的记录时，不得交于他人驾驶亦不得自己驾驶。 第2款2项　装有自动驾驶装置的机动车使用者，应当按照内阁行政规章要求保存运行状态记录装置中的记录。 （罚则　第119条第2款第3项、第124条）

（续表）

新　增	具　体　规　定
第 71-4— 2 条	【驾驶装有自动驾驶装置机动车的驾驶员义务相关规定】 第 1 款　装有自动驾驶装置机动车的驾驶员，不得在该自动驾驶装置使用条件（同《道路运行车辆法》第 41 条第 2 款的规定，同样适用于下款第 2 项）不具备的情形下、使用该自动驾驶装置驾驶该机动车。 第 2 款　驾驶员在驾驶装有自动驾驶装置的机动车时，有符合以下各项规定情形的，不再适用第 71 条 5 项之 5 的规定。 （1）该机动车不属于检修不良车辆； （2）该自动驾驶装置的使用条件已经满足； （3）驾驶员在不属于前两项的情况下，能够迅速发现所存在情况，并能正确地操作自动驾驶装置之外的设备的。 （罚则　第 1 款适用第 119 条第 1 款第 16 项及同条第 3 款）

为了应对自动驾驶的挑战，日本也于 2022 年 4 月公布了允许 4 级公路行驶的修正《道路交通法》，并将施行日期定为 2023 年 4 月 1 日。[①] 根据该修订法，此次主要涉及的是特定自动驾驶的许可制度，修改后的《道路交通法》将第 4 级定义为"特定自动运行"这一新的运行形态，根据 2023 年《道路交通法》的修改，符合 L4 级别标准的无需驾驶员的自动驾驶，即所谓的特定自动驾驶在获得都道府县公共安全委员会许可的情况下可以正式上路。上路前需要将含有自动驾驶计划、远距离监视装置、远距离监视负责人（即所谓特定自动驾驶负责人）、自动驾驶系统失灵后的对应措施等内容的计划书提交给各都道府县的公共安全委员会。

在收到特定自动驾驶实施者提交的申请书后，公共安全委员会除了要结合法律要求的要件外，还需听取对应线路所属市町村行政

---

① 日本经济新闻「自動運転『レベル 4』来年 4 月解禁　改正法施行へ」2022 年 10 月 27 日。

领导的意见，综合判断后给出许可。

特定自动驾驶实施者则必须配置特定自动驾驶负责人，该负责人一般位于特定的场所通过远距离监控装置对自动驾驶车辆进行监控，其主要内容一般为：确认远距离监控装置的运行状态；当发生交通事故时能够迅速进行报警，并向现场业务实施人发出相应的应急指示，向警方提交交通事故的相应报告；能在自动驾驶系统终止时进行相应的处理。

该法的修订主要包括以下4处：（1）特定自动驾驶的定义；（2）特定自动驾驶许可的规定；（3）特定自动驾驶实施者等人的遵守事项；（4）特定自动驾驶实施者的行政处分规定（具体修改的重点条文见表2.7）。

表2.7　2023年日本《道路交通法》重点修订条文

修　改	具　体　规　定
第2条	【特定自动驾驶】 第1款17-2项　特定自动驾驶，自动驾驶装置在符合相应的使用条件下能够自动运行该机动车的称为特定自动驾驶（装备有该自动驾驶装置的机动车如果属于第62条规定的整备不良车辆的，或者该自动驾驶装置的使用不符合相应使用条件的——道路运行车辆法第41条第2款规定的条件——能够旋即自动地以安全方法停车的属于上述所称相应的使用条件）。
第75—12条	【特定自动驾驶的许可】 第1款　进行特定自动驾驶之人需要获得管辖对应驾驶区域的公共安全委员会的许可。 第2款　想要获得前款许可之人需将记载有以下事项的申请书向公共安全委员会提交。 （1）进行特定自动驾驶之人的名字或名称、住所，法人的提供其代表人的名字以及公司董事的名字及住所； （2）含有以下事项的特定自动驾驶的计划书（以下简称"特定自动驾驶计划书"）。 1）特定自动驾驶使用的机动车型号、机动车登录号码或者车辆编号或者车牌号、自动驾驶装置使用条件或者其他内阁条例规定的特定自动驾驶所用机动车的相关事项；

（续表）

修　改	具　体　规　定
第75—12条	2）特定自动驾驶相关以下事项； ① 特定自动驾驶的路线； ② 特定自动驾驶的日期及时间区间； ③ 特定自动驾驶运送的人或者物； ④ 除前三项之外，内阁条例所规定的事项。 3）特定自动驾驶管理场所的所在地及联系方式。 4）本法及相关条例以及基于本法所作相应行政行为所对应的特定自动驾驶实施者或者特定自动驾驶业务从业者不得不实施的措施如下： ① 第75—19条第1款所规定的教育的具体内容及实施方法； ② 第75—19条第2款所规定的特定自动驾驶负责人的任命及同条第3款规定的现场设施业务实施人的指定方法； ③ 第75—20条第1款所规定的措施的实施方法以及采取该措施所需要的设施、人员等制度； ④ 第75—20条第2款所规定的标识的具体方法； ⑤ 第75—21条、75—22条以及75—23条第1款至第3款所规定的采取相应措施的设施、人员以及其他制度以及该设施的操作顺序； ⑥ 前述1项至5项规定内容之外、内阁条例所规定的事项。 第3款　前款申请书中需将记载有特定自动驾驶用机动车相关的机动车检查记录事项（《道路运行车辆法》第58条第2款）的书面材料以及其他内阁条例规定的书面材料一并提交。 （罚则　第1款对应第117—2条第2款第3项以及第4项、第123条）

在2020年针对《道路交通法》的修订中，日本《道路交通法》直接援引了在先修改的《道路运行车辆法》第41条第2款对"自动驾驶装置"的规定，与之保持了一致。此外通过将"驾驶"中的车辆概念扩大到包含自动驾驶装置的方式，使得L3级别车辆的"驾驶者"融入"驾驶员"的概念中，以避免对驾驶员追究责任时可能出现的法解释模糊。

此外，日本对于批准的日内瓦公约仍未作修改，修改后的《道路交通法》将L4级别定义为"特定自动运行"的新运行形态，与L3级别之前不同的是，L4级别并不是"驾驶"，因此明确不需要持有驾照的驾驶员。为了保证运行主体的适格性，新设了以"特定自动运行"代替执照对实施者的认可制度。交通事业者等特定自动运行实施者向想实施 L4 级别服务的都道府县的公安委员会，就运行计划和体制、ODD、紧急时的对应流程等实施的服务的整体情况接受审查。政府提出了以 2025 年在全国 40 多个地点，2030 年在 100 多个地点，开展限定地区的出行服务的目标。修改后的法案仅针对运营商（特定自动运行实施者）在一定条件下在公共道路上运行的自动驾驶服务，并不包括 L4 级别的私家车。

（二）受害者与运行供用者①之间法律规制

因自动驾驶的导入，日本法对交通事故责任的构成以及保险制度均进行了相应调整。下文总结了日本自动驾驶时代法律规制的主要内容及各主体责任种类、主体的比较（见表 2.8、表 2.9）。

表 2.8   日本自动车驾驶涉及法条

运行供用者责任	强制保险制度	政府的汽车损害赔偿保障事业制度
对机动车运行中危险，承担实质无过错责任、严格责任化	确保受害者的救济和赔偿	因为受害人不清楚事故车的所有人，不能得到损害赔偿的情况

---

① 日本《自动与损害赔偿保障法》围绕着机动车区分了不同的主体概念，传统的机动车驾驶员、所有者之外最有特色的概念就是第 3 条创制的"运行供用者"这一概念，即所谓"通过机动车的运行来实现自己利益之人，应当就因机动车运行而导致的他人生命或身体的损害承担赔偿责任"。一般而言，机动车的所有者即为供用者，但也存在例如租用车的驾驶人（最高裁昭和 39 年 12 月 4 日案例）、长期使用父亲名下车辆的孩子（最高裁昭和 43 年 9 月 24 日案例）属于供用者的情形，因此，供用者最初的理解为"对机动车的驾驶存在直接、现实的支配"的人。随着对被侵权人保护观点的扩张，对供用者的理解渐渐来到"间接的支配（最高裁昭和 46 年 11 月 9 日案例）同样可以，只要在运行中存在支配的可能性（最高裁昭和 45 年 7 月 16 日案例）以及支配的责任（最高裁 48 年 12 月 20 日案例）即可以满足运行支配"。现如今，除了对机动车的运行进行事实上的管理支配属于供用之外，为了防止机动车造成社会损害应当承担"监督监视责任"（最高裁昭和 50 年 11 月 28 日案例）的主体也属于运行供用者的范围。

表2.9 日本自动车事故的民事责任

责任的种类		责任主体		设想的争点
一般不法行为 (《民法典》第709条)		行为者	运行者 制造者	过失
特殊不法行为	制造物责任 (《制造物责任法》 第3条)	制造业者等		制造物缺陷
	运行供用者责任 (《自动车损害赔偿保障 法》第3条)	运行供用者		运行支配 运行利益 免责三要件

(三)义务[1]

特定自动运行实施者在进行特定自动运行时，必须指定"特定自动运行主任者"(《道路交通法》第75条第19款第2项、《道路交通法施行规则》第9条第28项)。对于特定自动运行主任的义务，即指定自动运行主任在管理场所承担以下义务[2](《道路交通法》第75条第21款第1～2项)：(1)关于特定自动运行中的汽车，视频监视语音确认装置的动作状况的监视义务；(2)确认装置未正常工作时，指定自动运行主任应立即采取措施终止指定自动运行；(3)在道路中特定自动运行结束时，立即确认有无应采取道路交通法令规定的措施的理由的义务。

除此以外，在交通事故发生时，自动运行主任现场须承担以下义务[3]：(1)向消防部门通报的措施；(2)将业务实施者带到交通事

---

[1] L4级别自动驾驶相关法律规定中，特定自动运行实施者各主体中对于特定自动驾驶运行主任的修订比较新颖，故本书仅介绍这一主体的法律义务。

[2] 今井猛嘉「自動運転に関する法整備」IATSS Review Vol. 47, No. 3, 32页。

[3] 警察庁「特定自動運行に係る許可制度の創設について」，https://www.npa.go.jp/bureau/traffic/selfdriving/L4-summary.pdf，2023年10月20日访问。

故现场的措施；（3）向警察报告交通事故发生日期等。

二、自动驾驶的责任分配

日本现有的与L4级别自动驾驶相关的法律规定主要有四类：（1）作为规制行驶的行政性规制法：道路交通法、道路运行车辆法、道路法以及大件运输法；（2）作为劳动事业类型的行政性规制法：货物机动车运输事业法、劳动基准法；（3）民事法律责任相关法律：机动车损害赔偿法、产品责任法以及民法；（4）刑事法律责任相关法律：机动车运输导致人身伤亡处罚的有关法律、刑法。

虽然目前有关自动驾驶的修改规定主要集中在作为行政性规制法的道路交通法领域，但实际会讨论的自动驾驶责任的情形主要集中在，当交通事故发生，因此产生的人身及财产（尤其是人身）损害究竟应当由谁来承担何种形式的法律责任的问题。

除了可以依据日本《道路交通法》第103条吊销驾照这一行政处罚之外，这里又可以进一步细化成民事和刑事两个部分，从承担责任的主体角度来看：（1）生产者可能根据日本《民法典》第709条承担侵权责任或者根据产品责任法承担产品责任；（2）销售者可能承担违反说明义务的责任或者日本《民法典》第562—564条的合同不适合责任（在瑕疵担保责任上扩充而来，此次日本债法修改的重点所在）；在出现第三人受损的情形下，他们分别承担责任；（3）使用者要求根据日本《民法典》第715条承担使用者责任；（4）驾驶员要求根据《民法典》第709条承担侵权责任；（5）"运行供用者"要求根据《自动与损害赔偿保障法》（以下简称《自赔法》）第3条承担机动车损害赔偿责任；（6）国家或者地方政府要求根据《国家赔偿法》第1条、第2条承担国家赔偿责任；（7）保险公司要求根据《自赔法》第 16 条承担保险责任；（8）还可以追究驾驶员的刑事责任。

随着基于 L4 级别自动驾驶的实用化，创设出"特定自动驾驶"这一概念后，自动驾驶还能否进入刑事法律规定的"驾驶"这一概念中，从而进一步地产生谁有可能会被苛加责任的问题，即除了驾驶员之外，是否存在生产者、系统创制者、运行监督负责人都存在"过失"的可能性。[①] 同样，伴随着实行行为不存在、因果关系不存在以及主观上不存在过失等情形甚至可能出现谁都无法被追究责任，即不存在任何"过失"的情况。[②] 倘若这种谁都无需承担责任的情形成为常态，除了会冲击国民对自动驾驶推广的信赖和支持，也会进一步动摇刑法的责任主体根基，产生 AI 责任论的探讨。

然而仅就目前日本刑事司法现状而言，自动驾驶的出现并未对刑事司法实践造成过大的冲击[③]，对于一以贯之的过失认定并未有根本性重新认定的必要。然而理论上进行更多刑事与行政程序的衔接、进一步讨论个人责任与法人责任的需求确实开始显现。此外，随着自动驾驶技术的不断深化，尤其当无驾驶员型无人驾驶的到来，为了消除当前刑事责任可能无法涵盖责任主体的问题，很多学者都开始探讨在接受刑事责任限度的基础上更多地通过民事责任来

[①] 中川由賀「具体的な事故事例分析を通じた自動運転車の交通事故に関する刑事責任の研究——総合的な考察——」中京 LAWYER38 号（2023 年）10 頁以下。

[②] 木村光江「自動運転と過失責任」秋吉淳一郎ほか編『池田修先生　前田雅英先生退職記念論文集—これからの刑事司法の在り方』（2020 年）44 頁以下。

[③] 横浜地判令和 2 年 3 月 31 日案件被认为是自动驾驶刑事责任第一案，然而因为属于 L2 级别自动驾驶系统，可能还无法据此预测 L4 级别项下相关案件的处理结果，但业界及实务界的一般观点并未有太大变化，相关讨论可参考：前田雅英「自動運転車の刑事過失責任の序論的な考察：自動運転レベル 2 について」法学会雑誌 62 巻 2 号（2022 年）1 頁以下。

解决自动驾驶中可能出现的法律责任归属问题。①

　　与单纯的民事责任承担不同，在自动驾驶汽车的法律规制中，因为强制保险责任的存在，以及《自赔法》对责任主体概念的创设与扩容，最终通过保险公司确认最终求偿权拥有主体对涉及人损的民事责任系统化统一。

　　《自赔法》将日本《民法典》所规定的，驾驶员为责任主体，以过失责任、合同自由为原则的基本理念转变成了以"运行供用者"为责任主体，采（实质性的）无过错责任主义，通过强制保险和国家补偿来实现被侵权人救济。

　　随着自动驾驶技术的导入，尤其伴随着 L3 级别、L4 级别两次技术的革新，日本国土交通省在 2018 年 3 月发布"自动驾驶损害赔偿责任相关研讨会报告书"明确在维持原有的"运行供用者"责任的基础上，增加有效保障保险公司向机动车生产者等追偿权实现的相关措施。以下是日本法针对自动驾驶的主要主体及特殊情形的规则阐述：

（一）自动驾驶汽车运行供用者的责任

　　根据《自赔法》的定义，运行供用者属于为了自己的目的使用机动车之人，即享有驾驶支配权以及驾驶利益之人。在利用自动驾驶系统运行机动车之时，机动车的所有者、运输企业都应当被认定为享有驾驶利益，但是否可以同时被认定为享有驾驶支配权则存在异议。考虑到 L0 级别至 L4 级别各种类型技术混杂的自动驾驶"过渡期"的现状和保持机动车赔偿责任保险制度的稳定性的需要，为

---

① 中川由賀「自動運転導入後の交通事故の法的責任の変容—刑事責任と民事責任のあり方の違い」中京ロイヤー 25 号（2016 年）41 頁以下。

实现对被侵权人迅速救济，研究会决定采取的方案，即在维持原有运行供用者责任的前提下，尝试为保险公司等构建一个向机动车生产者寻求求偿权的新制度。关于保障求偿权行使实效性的新制度，研究会认为，需要结合机动车技术的发展、自动驾驶机动车的普及状况、合适的责任分担等进行综合的考量。

在自动驾驶模式下的运行中，由于作为车辆持有者可以启动和停止车辆的发动机，并决定车辆的前进路线，因此处于应该指示、控制的立场，可以确认运行支配权。如果加害者属于运营服务人员，根据《自赔法》第16条，原则上受害者可以向保险公司等要求支付赔偿金。

根据《自赔法》第3条，运行供用者的证明责任被转换，对包括"原始缺陷"在内的缺陷车事故负有无过错责任。对此，由于《制造物责任法》中不存在推定规定，且事实推定在车祸中的运用不够充分，因此，从受害者到制造商的责任追究实际上变得困难。另外，运行供用者向制造商的追偿由于证明责任严苛，难度也很大。由此，运行供用者最终承担了"原始缺陷"造成的损害这一本应由制造商承担的责任。

关于这种运行供用者责任和制造物责任在交错领域的关系，日本学界对于由原始缺陷引起的事故，存在着消极的见解，即让运行供用者承担运营使用者的责任。该见解以产品责任的无过错责任化及其渗透为前提，尝试修正运行供用者责任的严格性。对此，也有贯彻运行供用者责任的严格性的见解，但是即使是采取这种见解的论者，也正面肯定了运行供用者"代为承担"制造物责任或者自动驾驶相关的损害赔偿责任等，而且认为这虽然是一种奇怪的解决方法，本来是不可取的，但为了保护受害者，又证成其存在的正当性。

在报告书中，提出了设置 EDR（Event Data Recorder）以及 DR
（Drive Recorder）等记录媒体装置，保险公司与制造厂等的合作体制
以及完善事故原因查明体制等方面的研究。① 根据《制度完善大纲》，
即使自动驾驶汽车系因软件故障发生事故，根据《制造业责任法》
的现行解释，只要被评价为自动驾驶汽车车辆的缺陷，作为生产者
的汽车制造商就应承担制造业责任，即可以适用《制造业责任法》。②
至于自动驾驶汽车中的软件更新问题，日本有学者认为，可以将自
动驾驶汽车最新的软件更新作为汽车软件缺陷判断的基准。③

（二）黑客攻击等第三者导致的事故损害

在机动车被与所有者毫无关系的第三人盗窃后发生事故的情况
下，运行供用者已经尽到机动车管理责任的，在该机动车被盗一刻
起，所有者的驾驶支配以及驾驶利益原则上已经丧失，于是作为被
保险人的所有者也就不会产生运行供用者责任。在这一情形下，对
于被侵权人而言，盗赃车事故导致机动车赔偿责任保险无法填补损
害。从对被侵权人迅速救济的角度出发，《自赔法》第 72 条第 1 款
后段规定，将由政府公共保障来填补损失 ④。

在自动驾驶汽车被第三者入侵造成事故的事件中，只要能够成
功证明是由第三者远程操作引起的事故，持有者既没有运行支配，

---

① 「自律型」自動車とは、車両にレーダー及びカメラ等を装備しこれらをとおして
　障害物の状況を認識するものである。国交省・報告書 7 頁。
② 高度情報通信ネットワーク社会推進戦略本部・官民データ活用推進戦略会議
　（制度整備大綱）・前掲注 3）18—19 頁。
③ 浦川道太郎「自動走行と民事責任」NBL1099 号（2017 年）32 頁。池田裕輔
　「自動運転が保険業界に与える影響」保険学雑誌 641 号（2018 年）57 頁。
④ 政府公共保障是指当出现肇事逃逸或者无保险车辆以及盗赃车事故时为了填补被
　侵权人的损害，以机动车损害赔偿保障事业金作为来源，由国土交通大臣掌管的
　政府主导的机动车损害赔偿保障事业。

也没有运行利益，就不能认定由运行供用者承担责任。换言之，控制事故车的第三者即被认定为同时享有"运行支配"和"运行利益"，造成的损害可以同前述盗赃车一样由政府公共保障进行填补。此外，如果是因为自动驾驶系统的缺陷导致的第三者入侵，那么政府可以在填补损害后向机动车生产者进行求偿。

而自动驾驶系统的黑客侵入同样属于与所有者毫无关系的第三人无故操纵机动车的情形，原则上所有者也失去了驾驶支配与驾驶利益，造成的损害可以同前述盗赃车一样由政府公共保障来进行填补。此外，如果是因为自动驾驶系统的缺陷导致的黑客侵入，那么政府可以在填补损害后向机动车生产者进行求偿。

此外，在盗赃车的情形下，如果是因为所有者在不锁车门且保持发动机运作的情形下，长时间离开机动车从而导致机动车被盗并引发事故的，所有者是违反其保管责任并应当承担运行供用者责任的。同理，自动驾驶汽车的所有者如果是因为自己未能实行必要的安全措施，或者没有履行定期系统检查的义务，导致该自动驾驶车辆被黑客入侵而产生损害就可能承担运行供用者责任。

（三）外部数据错误或通信中断等导致的事故和汽车结构缺陷或功能故障

由于《自赔法》第3条的但书规定第3款中汽车免责条款规定了"汽车没有构造上缺陷和机能上障碍"，因此有必要对此予以检视。

根据《自赔法》第3条规定，运行供用者的举证责任发生转换，即只要不具备前述的免责要件，则无法免除责任（实质上的无过错责任），而第3条规定的免责条件是在事故原因中，该运行供用者的"运行支配"是车辆范围以外的原因，换言之，要求证明不是"运行支配"车辆所及的车辆范围内的原因。①

因汽车缺陷而发生的事故适用《产品责任法》。《产品责任法》第 3 条为了保护受害人，修改了过错责任主义，不以主观上的"过错"作为损害赔偿责任的要件，而是以客观上的"缺陷"作为要件，受害人提出损害赔偿请求的门槛相对较低。不过，对于受害者来说，要其证明"缺陷"的存在难度还是很大的。在缺陷车辆的交通事故中，保险公司等支付赔偿金后，有必要获取事故车确为缺陷车的必要证据等，以此追究制造厂等的产品责任。

三、日本自动驾驶法律责任的展望

随着 L5 级别自动驾驶技术的到来以及最终自动驾驶的普及化，刑事责任会伴随着责任主体的丧失、过失要件的不适用，以及民众对于这一现象的理解和接受，从而渐渐被民事责任所替代。在民事责任的承担中，随着强制保险制度以及政府公共保障的兜底，将进一步围绕着保证责任来探讨各方主体之间的责任承担形式和程度。日本民法典中的过失要件很可能会进一步转变为无过错责任，而《自赔法》中的"运行供用者"、驾驶员、所有者等最终也有可能出现新的定义和划分可能性。

第三节　英国自动驾驶立法进程

2018 年 7 月，英国便通过了《自动与电动汽车法 2018》(*Automated*

---

① 舟本光信　自動車事故民事責任の構造 30 頁～ 31 頁（日本評論社，1970 年）。

and Electric Vehicles Act 2018)，授权国务大臣列出自动驾驶汽车清单 [①] 并规定了自动驾驶汽车交通事故中保险人等的责任 [②]。2022 年，英国英格兰和威尔士法律委员会及苏格兰法律委员会联合发布《自动驾驶汽车：联合报告》(*Automated Vehicles: joint report*)，报告在对关键概念进行界定后，着重区分了辅助驾驶和自动驾驶，最终形成了关于新的自动驾驶汽车监管方案的 75 项建议，为自动驾驶的立法提供了新的词汇、新的法律参与者和新的监管计划。

2024 年 5 月 20 日，英国政府正式通过了《自动驾驶汽车法案》(*Automated Vehicles Act 2024*)，法案基本采取了报告中的立法建议。英国政府称这部法律为自动驾驶车辆于 2026 年畅行英国铺平了道路，他们相信自动驾驶可以通过减少人类错误来提升道路安全，并认为通过这部法律将会释放高达 420 亿英镑的行业潜力。该法案共有 7 章 100 条以及 6 个附件目录，为自动驾驶产业发展提供了全面的法律框架，将自动驾驶分为"用户负责"和"非用户负责"两种模式，并对应建立了全套的自动驾驶车辆监管框架和责任分配框架。

一、全新的监管框架

由于自动驾驶汽车行业具有创新性强、技术含量高且变化快的特征，因此《自动驾驶汽车法案》通过设置大量的授权条款为自动驾驶汽车搭建了全面的监管框架。根据法案，自动驾驶汽车不仅可以获得授权合法上路，还可以获得授权提供载人服务，但是在车辆

---

① 参见《自动与电动汽车法 2018》第一部分第 1 条。
② 参见《自动与电动汽车法 2018》第一部分第 2、3、4 条。

获得授权的同时还需要相应的主体获得授权。

（一）自动驾驶汽车监管基线——不低于现在的交通安全水平

英国《自动驾驶汽车法案》修改了《自动与电动汽车法2018》对"自动驾驶"的定义，要求车辆必须同时满足两个条件：（1）车辆并非由个人而是由车辆的设备所控制；（2）车辆及其周围环境均不由为了立即干预车辆驾驶的个人所监控，这种情况下才可被认定为"自动驾驶"。[①]同时，法案要求自动驾驶汽车必须保证安全和合法的行驶。其中，安全是指达到可接受的安全水平，合法是指能达到可接受的交通法规低风险。英国立法是以现在的车辆交通状况为基础对自动驾驶的安全运行效果进行评估的，预期自动驾驶的交通违规行为水平应该低于现在非自动驾驶状态下的交通违规行为水平。

不低于现行车辆安全的立法基础也体现在安全原则声明[②]的制定中，声明制定需要满足的两个条件：一是可达到与细心和称职的人类司机同等或者更高的安全水平，二是使用自动驾驶汽车将会使英国的道路安全水平提高。现行法律要求人类驾驶员能够熟练且谨慎驾驶。因此，自动驾驶汽车至少应达到与熟练且谨慎的人类驾驶员同等的安全水平，同时需要提高英国道路安全水平。

（二）使用自动驾驶汽车以及自动驾驶功能需要授权

根据《自动驾驶法案》，国务大臣可以授权车辆作为自动驾驶汽车使用，授权的前提条件包括：第一，车辆通过自动驾驶测试；

---

① 参见英国《自动驾驶汽车法案》第一部分第1条。
② 英国《自动驾驶汽车法案》第一部分第2条要求国务大臣另行制定安全原则声明，用于评估并确保经授权的车辆能够安全在路上自动驾驶。

第二，需要满足初始授权要求（这需要国务大臣另行制定）①。

授权的内容中首先需要明确自动驾驶功能的运行模式，即明确自动驾驶功能是以"用户负责"（user-in-charge，以下简称为"UiC"）抑或以"无用户负责"（no-user-in-charge，以下简称为"NUiC"）模式运行的。这两种模式最明显的区别就是 NUiC 模式下，车内的人不可以控制车辆的行驶（there is no individual in the vehicle who is exercising control of it）。普通人很难在现场直接判断自动驾驶级别，但是否有人在车内操作车辆是清晰可见、容易判断的。立法中这样的划分方式不仅有利于道路交通执法，也有利于后续的责任划分。

同时，授权的内容还需要明确自动驾驶功能的开启和关闭方式，以及车辆开启该功能行驶的相关区域和情形。授权内容明确这两点将帮助人们判断具有自动驾驶功能的车辆是否或是否应该处于自动驾驶状态。自动驾驶功能的开启与关闭方式明确后，开启自动驾驶功能则车辆处于"自动驾驶"状态，否则即使是具备自动驾驶功能的车辆仍然处于传统驾驶状态，并适用相应传统车辆的法律法规。但是当自动驾驶功能的运行超越了限定的区域和情形，则可以认为此时不应当自动驾驶而处于自动驾驶状态，如果相关主体"应为而未为"或"不当为而为之"，则有可能承担相应的行为结果。

（三）授权主体——授权自动驾驶主体、NUiC 运营者

《自动驾驶汽车法案》除了要求车辆取得授权外，还要求三类主体取得授权或者许可。

每辆授权车都必须有一个指定实体，称为"授权自动驾驶实

---

① 参见英国《自动驾驶汽车法案》第一部分第 3 条。

体"（Authorised Self-Driving Entities，以下简称"ASDE"）。该实体
最终负责确保车辆始终符合自动驾驶测试的要求以及国务大臣授权
中的任何附带要求。ASDE 必须具备良好的声誉、良好的财务状况
和胜任授权要求的能力 ①。

对于以 NUiC 模式运行的自动驾驶车辆必须由获得许可的"无
用户负责模式运营者"进行监督，许可要求的具体内容将由国务大
臣另行规定 ②。

另外，法案规定对于使用自动驾驶汽车提供载客服务的，还可
能需要许可，但是设置这种许可的前提是出租车、私人出租车辆和
公共汽车的相关立法排除适用自动驾驶汽车，或者与 NUiC 运营相
关的具体规定中已经设置了相关许可 ③。这里可以认为 NUiC 运营者
是可以提供载客服务的 ④。

二、自动驾驶汽车使用中的责任分配

《自动驾驶汽车法案》基于自动驾驶汽车的两种不同运行模式
建立了不同的归责体系，并对不同主体的义务和责任进行了规定。

（一）"用户负责模式"下的责任分配

"用户负责模式"运行下的自动驾驶车辆会涉及两个主体：
ASDE 和用户。

---

① 参见英国《自动驾驶汽车法案》第 6 条。
② 参见英国《自动驾驶汽车法案》第 12 条。
③ 参见英国《自动驾驶汽车法案》第 82 条。
④ 这在《自动驾驶汽车：联合报告》中也有所提及，报告第 21 页中指出 ASDE 和
　NUiC 运营者可能是同一个组织，那就是在汽车制造或软件开发商同时提供载客
　服务的时候。

对于用户而言，英国《自动驾驶汽车法案》在第 1 条就明确自动驾驶车辆将不由个人控制而是由车辆设备控制，将个人从监控车辆及周边环境的义务中释放出来。根据法案规定，"用户负责模式"（UiC）下的用户是一个自然人，且满足以下三个条件：一是使用的车辆是授权 UiC 模式的自动驾驶汽车；二是用户已启用自动驾驶功能；三是用户处于车内能够控制车辆的位置但未对车辆进行控制。满足这三个条件的用户原则上是不用对自动驾驶汽车驾驶方式引起的事故承担责任的 [①]。但是此类责任豁免是存在例外的，例如，当车辆根据授权要求向 UiC 发出接管请求，在接管请求结束后发生的事故责任用户可能不能免责 [②]。因此，用户在 UiC 运行的过程中对于车辆的接管通知是有接管义务的。但是如果用户没有接管，是否一定承担责任，在法案中是不明确的，这就涉及法案中对接管期间的规定了。

法案在第 7 条对接管要求的规定中要求，即使用户未能在接管请求结束前接管车辆的话，车辆也需要安全处理相关状况。而根据法案第 6 条，ASDE 对授权车辆持续满足自动驾驶测试有一般性责任，国务大臣未来还有可能设置具体的要求进一步明确 ASDE 的具体责任。

对于 ASDE，法案中除了第 6 条规定对其有确保自动驾驶汽车始终符合自动驾驶测试的要求和满足其他授权的要求外，ASDE 还有共享指定信息的义务等 [③]。这里还有一个问题也是法案没有明确的，那就是谁能成为 ASDE？如果根据法案第 14 条的规定，ASDE 和 NUiC 运营者共享信息的对象可能包括汽车制造商和保险人，这

---

① 参见英国《自动驾驶汽车法案》第 47 条。
② 参见英国《自动驾驶汽车法案》第 48 条。
③ 参见英国《自动驾驶汽车法案》第 14 条。

里是否隐藏着汽车制造商和保险人是 ASDE 和 NUiC 运营者信息共享的对象，而不是 ASDE 和 NUiC 运营者本身的意思？仍需英国立法进一步明示 [①]。

（二）"无用户负责模式"下的责任分配

"无用户负责模式"（NUiC）下可能有两个主体：ASDE 和 NUiC 运营者，这两个主体也可能是同一个组织。但是即使是同一个组织，基于 NUiC 运营者角色承担的义务仍有别于基于 ASDE 角色承担的义务。

首先，对于处于 NUiC 运行中的车辆，NUiC 运营者是有监督（overseen）义务的。但是监督义务的具体事项，以及 NUiC 运营者和 ASDE 的义务区别仍需国务大臣进一步明确。

其次，在相应的 NUiC 运营者许可要求中，可规定 NUiC 运营者收集和向监管机构提供有关信息的要求，并可规定 NUiC 运营者需指定一名个人对所提供的信息负责。

最后，《自动驾驶汽车法案》在其附件中对《自动与电动汽车法 2018》进行了适配性修订。对于民事责任的承担机制，《自动与电动汽车法 2018》的相关规定应仍然适用。

三、有关自动驾驶车辆使用的刑事责任修订

《自动驾驶汽车法案》在第二章专门规定了"车辆使用的刑事责任"，除了前面提到的在 UiC 运行中负责用户不因车辆驾驶方

---

① 2022 年发布的《自动驾驶汽车：联合报告》建议 ASDE 可以保持一定的灵活性，可以是汽车制造商，也可以是软件开发者，或者是二者的联合。

式承担责任等豁免性规定，法案还对现有 1988 年《道路交通法》（*Road Traffic Act 1988*）进行了修订。

（一）新增无人操控车辆的道路使用规定

法案在 1988 年《道路交通法》第 35 节前新增"无人操控车辆的道路使用规定"。使用无驾驶员或未经监管许可的车辆上路在以下情况中可能构成犯罪：在没有授权使用 NUiC 自动驾驶功能且没有 NUiC 运营者监督的情况下，在道路上或其他公共场所使用，或者允许他人使用机械驱动且没有人正在或能够进行控制的车辆，将构成犯罪行为。但是如果能证明其不知道且没有合理理由知道前述情况的除外①。对于因为使用无驾驶员或未经监管许可的车辆上路造成他人死亡或严重伤害的情况，法案还修订了 1988 年《道路交通犯罪法案》（*Road Traffic Offenders Act 1988*）以适配相应的刑罚。

（二）新增在危险状态下使用自动驾驶汽车规定

法案在 1988 年《道路交通法》第 3A 节后增加第 3B 节"对'用户负责'模式自动驾驶不适用"、第 3C 节"在危险状态下使用自动驾驶汽车"和第 3D 节"使用处于危险状态的自动驾驶汽车致人死亡或重伤"的规定，并修订 1988 年《道路交通犯罪法案》以适配相应的刑罚。

当个人在道路或其他公共场所使用自动驾驶车辆时，如果开启 UiC 功能对于一名有经验且谨慎的车辆使用者而言，该车辆的当前状态明显会导致使用 UiC 功能存在危险，则此人构成犯罪。如果造成他人死亡，将会面临终身监禁；如果造成他人严重伤害，将会面

---

① 参见英国《自动驾驶汽车法案》第 53 条。

临监禁或罚款。

　　《自动驾驶汽车法案》代表着英国朝着标准化、市场化、规模化使用自动驾驶汽车迈出了重要一步，尽管目前它仅提供了一个初步框架，具体条款和要求仍有待确定，但是其采用 UiC 和 NUiC 的二分法立法技术，让法律规则摆脱了技术概念不断变化的困扰，并通过创设新的法律主体来明晰不同自动驾驶模式下不同的责任分配方式。德国也采取了这种渐进式的立法方法，即通过先制定法律再制定条例来逐步明确不同主体的责任范围。

———— 第三章 ————

自动驾驶汽车法律责任影响因素

要科学地划分高级别自动驾驶法律责任，一是要确定自动驾驶汽车致害的影响因素及成因，二是要确定自动驾驶汽车法律责任的分配方式。

首先，关于自动驾驶汽车致害的影响因素，"随着自动驾驶等级的升高，人的驾驶操作逐步被车辆系统所取代，传感器代替人眼识别环境，中控单元进行驾驶决策，协调多个电控系统实现车辆运动控制。在这一过程中，自动驾驶的安全性受到环境、人和车的影响（见图3.1），主要的安全影响因素包含：（1）正常行驶过程中人员误用导致的对车辆运行的干扰；（2）对于L3级别自动驾驶汽车，紧急情况下人员对车辆的接管（驾驶员后备），以及在接管过程中人员对驾驶场景的紧急识别；（3）外部环境对自动驾驶车辆的干扰；（4）自动驾驶车辆系统自身的局限。"

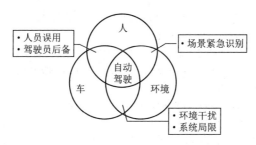

图 3.1　自动驾驶主要安全影响因素

　　自动驾驶汽车由于车辆因素、人员因素、环境因素引起的安全性问题，汽车产业界分别有被动安全技术标准（NCAP）、功能安全标准（ISO 26262）、预期功能安全标准（ISO 21448），以及信息安全标准（SAE J3061）对应解决（相应的安全因素对应的技术及标准见表3.1）。[①] 目前业内采用 ISO 26262 标准对电子电器系统失效导致的汽车安全问题进行了归类分析及危害等级界定，可有效规避或控制那些影响安全目标的随机硬件失效或系统性失效的问题。[②]SOTIF 预期功能安全标准是对 ISO 26262 功能安全标准的补充，进一步应对非失效情况下的潜在危害行为引起的不合理风险。[③]

表 3.1 　自动驾驶功能安全标准 [④]

自动驾驶安全挑战		安全技术	标准
车辆因素	碰撞保护	被动安全	NCAP
	电子电气系统故障	功能安全	ISO 26262
	系统功能局限	预期功能安全 SOTIF	ISO 21448
人员因素	驾驶员误用		
环境因素	环境干扰		
	网络攻击	信息安全	SAE J3061

[①] 参见毛向阳、尚世亮、崔海峰：《自动驾驶汽车安全影响因素分析与应对措施研究》，载《上海汽车》2018 年第 1 期。

[②] 尚世亮、李波：《车辆电控系统预期功能安全技术研究》，载《中国标准化》2016 年第 17 期；International Organization for Standardization, ISO 26262: Road Vehicles—Functional Safety, Geneva, 2018。

[③] International Organization for Standardization, PAS 21448: Road vehicles—Safety of the intend ed functionality, Geneva, 2019.

[④] 毛向阳、尚世亮、崔海峰：《自动驾驶汽车安全影响因素分析与应对措施研究》，载《上海汽车》2018 年第 1 期。

其次，关于自动驾驶汽车法律责任的分配方式。在确定了自动驾驶汽车致害的具体因素之后，紧接着就面临应该由哪些主体承担责任的问题。不同的自动驾驶商业模式下，相关利益主体间的责任承担方式会有所不同。既有法学理论大多笼统地将自动驾驶汽车作为一个统一的变革要素，由此来论述相关的权责规则变化，忽视了自动驾驶生产、使用中的复杂性。正确的做法应当是在分析自动驾驶汽车责任规则时做到"内外有别"，区分自动驾驶汽车所有人、使用人、生产者、销售者在责任承担上的差异。

最后，本章的内容分为两节，第一节研究自动驾驶汽车致害的影响因素，第二节研究自动驾驶汽车法律责任分配的影响因素，这些是理解自动驾驶汽车法律责任的基础和决定因素。自动驾驶汽车致害的影响因素将决定成因，其中又要特别注意是否存在"人"的过错。而商业模式将影响自动驾驶致害风险分配方式，具体而言就是由哪些"人"来承担责任，这些对确定高级别自动驾驶汽车法律责任至关重要。

第一节　自动驾驶汽车致害的影响因素

自动驾驶汽车的致害因素主要是人的因素、车的因素和环境的因素。其中，人的因素包括驾驶员误操作和驾驶员后备，车的因素包括系统故障和功能局限，环境的因素包括环境干扰和网络攻击。[①]

由于自动驾驶汽车真正意义上的 L5 级别完全自动驾驶短期内

[①] 毛向阳等人认为自动驾驶汽车安全影响因素中关于车的因素包括系统故障、功能局限和碰撞保护。笔者认为，碰撞保护是涉及车辆安全性的因素，但是其不是导致事故发生的因素。

很难实现，自动驾驶汽车将长期处于人机共驾阶段。虽然目前 L4 级别自动驾驶已实现"车内无人 + 远程控制"，但是自动驾驶功能的启动仍需要人的操作。在说明上述致害因素对自动驾驶汽车安全的影响前，有必要阐明自动驾驶汽车的人机驾驶权的切换过程，这有助于理解自动驾驶汽车致害的各个影响因素。

不同学者对驾驶权切换有着不同的定义，主要分为以下三种，Flemisch 等人认为驾驶权切换是两种不同状态之间的转变过程 ①，有学者认为驾驶权切换是一个自动化水平到另一个自动化水平的变化 ②，还有部分学者认为驾驶权切换是某种功能的激活或失效。③ 由这些研究可以发现，驾驶权切换的具体定义取决于当前所处的驾驶环境，以及当前驾驶员和自动系统的状态（如参与驾驶任务、非驾

① Flemisch F, Heesen M, Hesse T, et al. Towards a dynamic balance between humans and automation: authority, ability, responsibility and control in shared and cooperative control situations [J]. Cognition Technology & Work, 2012.

② Merat N, Jamson A H, Lai F, et al. Transition to manual: Driver behaviour when resuming control from a highly automated vehicle-Science Direct [J]. Transportation Research Part F: Traffic Psychology and Behaviour, 2014, 27（26）: 274–282. Varotto S F, Hoogendoorn R G, Arem B V, et al. Empirical longitudinal driving behaviour in case of authority transitions between adaptive cruise control and manual driving [J]. Transportation Research Record Journal of the Transportation Research Board, 2015, 2489: 105–114. Endsley, M. R.（2017）. Autonomous Driving Systems: A Preliminary Naturalistic Study of the Tesla Model S. Journal of Cognitive Engineering and Decision Making, 11（3）, 225–238.

③ Gold, C., Damböck, D., Lorenz, L., & Bengler, K.（2013）. Take over! How long does it take to get the driver back into the loop? Proceedings of the Human Factors and Ergonomics Society, 1938–1942. Miller D, Sun A, Ju W. Situation awareness with different levels of automation. IEEE, 2014. Nilsson J, Falcone P, Vinter J. Safe Transitions From Automated to Manual Driving Using Driver Controllability Estimation [J]. IEEE Transactions on Intelligent Transportation Systems, 2015, 16（4）: 1806–1816. Pauwelussen J, Feenstra P J. Driver Behavior Analysis During ACC Activation and Deactivation in a Real Traffic Environment [J]. IEEE Transactions on Intelligent Transportation Systems, 2010, 11（2）: 329–338.

驶任务等）。

切换通常指的是系统将控制权转交给驾驶员，而接管指的是驾驶员从自动系统处获得控制权并执行相关驾驶动作。根据驾驶员和自动系统所处的状态不同，Lu 等人将驾驶权切换进行了分类（见图 3.2）。[1]

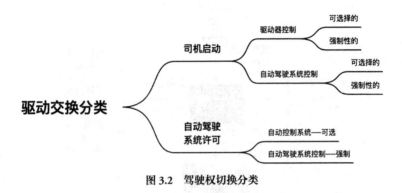

图 3.2　驾驶权切换分类

目前研究最多的是由系统到人的切换，根据切换的计划性与发起者，可分为以下五种情况[2]：（1）系统发起的计划性切换，例如系统检测前方道路环境不适合自动驾驶（如进入施工区域），提前给驾驶员发出接管请求；（2）系统发起的非计划性切换，例如前方道路环境超出了系统的设计运行区域（如前方道路环境过于复杂），系统因无法应对当前环境临时发出接管请求；（3）系统紧急发起的非计划性切换，例如系统因自身功能错误或者机构失效，请求驾驶员紧急接管；（4）驾驶员发起的非计划性切换，例如驾驶员临时想

① Happee Z, Cabrall R, Kyriakidis C, et al. Human factors of transitions in automated driving: A general framework and literature survey ［J］. Transportation research, 2016, 43F（nov.）: 183–198.

② Mccall R, Mcgee F, Mirnig A, et al. A taxonomy of autonomous vehicle handover situations ［J］. Transportation Research Part A: Policy and Practice, 2019, 124（JUN.）: 507–522.

要体验驾驶，提前结束自动驾驶；（5）驾驶员紧急发起的非计划性
切换，例如驾驶员发现了自动系统没有发现的紧急情况主动接管。

　　本节研究的驾驶权切换是针对驾驶权由系统切换到驾驶员，即
由系统到人的切换过程（见图3.3）。[①]

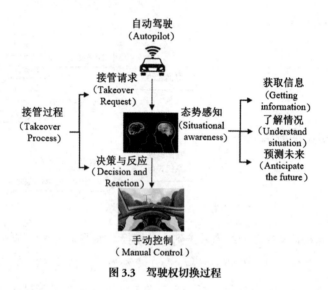

图3.3　驾驶权切换过程

一、人的因素

　　高级别自动驾驶汽车能够在功能设计方面实现完全自主驾驶，
无需人类驾驶员的干预。然而，即使是 L4 级别的自动驾驶汽车仍
然需要考虑人因安全，人因安全包括自动驾驶系统能够安全地与人
类驾驶员、乘客以及其他道路使用者互动。受复杂交通长尾场景难
题以及数据驱动的人工智能算法不确定性的影响，高级别自动驾驶

① Merat N, Waard D D. Human factors implications of vehicle automation: Current understanding and future directions［J］. Transportation Research Part F: Traffic Psychology and Behaviour, 2014, 27:193–195.

系统仍有概率出现因功能局限（感知、控制以及决策）导致的驾驶权退出的问题，一旦人机交互失误，尤其是车内人员驾驶权介入的误操作，就容易产生自动驾驶汽车法律归责问题。下文对这些具体问题、相应的解决方案以及未来的研究方向进行介绍。

（一）驾驶员误操作

根据美国国家公路交通安全管理局的统计数据，每年大约有 6 万起交通事故是与驾驶员嗜睡相关的问题引起的，此外，近 90% 的交通事故是由驾驶员失误造成的。[①] 当前考虑驾驶员因素的人机协同控制是解决驾驶员误操作的重要方法，主要包括实时共享权限分配策略[②]、模糊逻辑方法[③]、滑模（SM）控制算法[④]和自抗扰控制（ADRC）算法[⑤]。然而这些方法往往忽略了驾驶员的驾驶自由度，为此，Ming 等人针对驾驶员失误引起的 SOTIF 问题，提出了一种

① Yan, M.; Chen, W.; Wang, Q.; Zhao, L.; Liang, X.; Cai, B.Human—Machine Cooperative Control of Intelligent Vehicles for Lane Keeping—Considering Safety of the Intended Functionality. Actuators 2021, 10, 210.

② Nguyen, A.; Sentouh, C.; Popieul, J. Sensor reduction for driver-automation shared steering control via an adaptive authority allocation strategy. IEEE-ASME Trans. Mechatron. 2018, 23, 5–16. Huang, M.; Gao, W.; Wang, Y.; Jiang, Z. Data-driven shared steering control design for lane keeping. In Proceedings of the International Federation of Automatic Control（IFAC）Symposium, Guadalajara, Mexico, 20–22 June 2018; pp. 155–160.

③ Basjaruddin, N.C.; Kuspriyanto; Suhendar; Saefudin, D.; Aryani, S.A. Lane keeping assist system based on fuzzy logic. In Proceedings of the International Electronics Symposium（IES）, Surabaya, Indonesia, 29–30 September 2015; pp. 110–113.

④ Du, H.; Man, Z.; Zheng, J.; Cricenti, A.; Zhao, Y.; Xu, Z.; Wang, H. Robust control for vehicle lane-keeping with sliding mode. In Proceedings of the Asian Control Conference（ASCC）, Gold Coast, QLD, Australia, 17–20 December 2017; pp. 84–89.

⑤ Chu, Z.; Sun, Y.; Wu, C.; Sepehri, N. Active disturbance rejection control applied to automated steering for lane keeping in autonomous vehicles. Control Eng. Pract. 2018, 74, 13–21.

新的人机协同控制方案，设计了驾驶员误差动态评估模型，并实现了车道保持性能和驾驶自由度之间的平衡。随着驾驶员认知理论在自动驾驶领域的应用，如 Deng 等人基于 QN-ACTR 认知架构建模雾天条件，观察雾天有限视线距离对车辆跟踪性能的影响，有效地研究了雾天驾驶人的相关行为 [1]，建立更为接近自然驾驶环境下的驾驶员认知、决策模型，并将其融入人机协同控制，这是未来解决驾驶员误操作的一个方向。

（二）L3 级别紧急状况下的驾驶员后备

当前针对 L4 级别及以上高级别自动驾驶汽车的人车交互驾驶权接管的研究还比较少，L4 级别及以上的驾驶权接管需求可以参考 SAE J3016 标准。

SAE J3016 标准在对 L3 级别自动驾驶下人和系统的角色描述中指出，人应当在收到请求后的一定时间内接管控制，系统只有在发出请求并且等人安全接管之后才能失效。当系统发出接管请求后，驾驶员首先应进行当前情境的认知，包括通过观察人机交互界面（HMI）获取周围环境信息，理解当前情境，对可能发生的情形进行预测，从而作出相应的决策，完成接管。L3 级别自动驾驶系统要求人类驾驶员在系统发生异常等紧急时刻接管车辆的控制，这种应急措施称为"驾驶员后备"。[2] 然而在某些紧急情况下，驾驶员不一定能立刻响应系统的接管要求，很有可能在系统要求的接管时间内未完成移交，导致事故的发生。

---

[1] Deng C, Wu C, Cao S, et al. [J]. Modeling the effect of limited sight distance through fog on car-following performance using QN-ACTR cognitive architecture. Transportation Research Part F Traffic Psychology & Behaviour, 2018: S1369847817300037.

[2] 参见毛向阳、尚世亮、崔海峰：《自动驾驶汽车安全影响因素分析与应对措施研究》，载《上海汽车》2018 年第 1 期。

那么在技术层面该如何进行改进？驾驶员与自动系统的交互是确保驾驶员及时接收信息并作出相应决策动作的重要前提，HMI 可以使用不同的通信方式将接管请求传递给驾驶员。可视化显示可以向驾驶员传达清晰信息 ①，使用带有增强现实（Augmented Reality，AR）平视显示器，可以更快引起驾驶员的注意，提高驾驶性能。② 听觉警告界面可以作为视觉显示的补充，Kasuga 等人设计了两种 HMI 进行对比试验，结果表明提示语音引导是驾驶员准备过渡的有效工具，车内灯光有助于驾驶员注意过渡的要求。③ 还可以通过动态地调整座椅的震动位置和时间来反映不同的紧急级别。④ 不同的 HMI 系统配置有助于确定哪些因素在从自动驾驶向手动驾驶的过渡中具有更大的影响，试验结果显示，依赖于听觉、视觉和触觉显示的多模态组合能够在很大程度上改善驾驶员对紧急情况的感知。

二、车的因素

（一）系统故障

电子电气系统故障包括随机硬件引起的故障，以及软件或流程

---

① Brandenburg S, Chuang L. Take-over requests during highly automated driving: How should they be presented and under what conditions? [J]. Transportation research, 2019, 66（Oct.）: 214–225.

② Langlois S, Soualmi B. Augmented reality versus classical HUD to take over from automated driving: An aid to smooth reactions and to anticipate maneuvers [C] // IEEE International Conference on Intelligent Transportation Systems. IEEE, 2016:1571–1578.

③ Kasuga N, Tanaka A, Miyaoka K, et al. Design of an HMI System Promoting Smooth and Safe Transition to Manual from Level 3 Automated Driving [J]. International Journal of Intelligent Transportation Systems Research, 2018.

④ Petermeijer S M, Winter J C F D, Bengler K J. Vibrotactile Displays: A Survey With a View on Highly Automated Driving [J]. IEEE Transactions on Intelligent Transportation Systems, 2016, 17（4）: 897–907.

原因导致的系统性故障。从技术上看，通过实施功能安全，以危害分析和风险评估后得到的安全目标及汽车安全完整性等级（ASIL 等级）为导向，开发和落实相关安全要求，能有效降低系统故障导致的风险。[①]

（二）系统功能局限

系统功能局限区别于系统故障，其不是系统本身的故障问题，而是系统在识别、决策或执行的过程中因不准确导致事故发生的问题。自动化系统功能的局限性往往与复杂的交通环境有关，例如由雨、雪、雾等极端天气条件引起的感知功能局限，由道路曲率过大引起的控制功能局限，由紧急事件无法避免的人机冲突引起的决策功能局限。为此，Liang 等人建立了一个包含极端天气和不利照明条件的道路图像的数据集，通过特定 SOTIF 场景验证的实验结果证明了所提出的目标检测算法的不确定性获取方法的可行性和有效性。[②] 针对弯曲道路曲率较大的复杂场景，Bing 等人提出了一种基于所设计的自适应势场的路径规划方法，可以很好地应用于曲线道路行驶环境，有效地提高了驾驶安全性和乘坐舒适性；[③] 针对人机冲突引起的决策功能局限，综合考虑驾驶员、车辆状态、周围环境来确定人机共驾介入时机是当前的热点以及主要方向，Wang 等人提出了一种共享控制策略，从动态贝叶斯网络、马尔可夫决策过程和

---

① 参见毛向阳、尚世亮、崔海峰：《自动驾驶汽车安全影响因素分析与应对措施研究》，载《上海汽车》2018 年第 1 期。

② Liang Peng; Hong Wang; Jun Li;（2021）. Uncertainty Evaluation of Object Detection Algorithms for Autonomous Vehicles. Automotive Innovation.

③ Bing Lu; Guofa Li; Huilong Yu; Hong Wang; Jinquan Guo; Dongpu Cao; Hongwen He;（2020）. Adaptive Potential Field-Based Path Planning for Complex Autonomous Driving Scenarios. IEEE Access.

部分可观察马尔可夫决策过程入手，根据周边车辆、车辆到车道边缘的位置等动态驾驶环境来推断和预测驾驶员意图，有效地提取了驾驶行为；[1]Yang 等人提出了一种共享控制框架，设计了同时考虑参考轨迹和驾驶员意图的控制器，并通过优化实现驾驶员命令和自动化的平滑组合；而刘瑞等人基于博弈论提出一种非合作模型预测控制（MPC）的智能汽车人机共驾策略，保证驾驶员实时在环，并实现了驾驶权的逐渐交接。[2] 在未来的研究中，建立更为全面的自动驾驶场景库，提出非完全信息下的共享控制策略是解决智能驾驶预期功能安全问题的重要途径。

三、环境因素

（一）环境干扰

自动驾驶汽车容易受到道路条件、周边事物、天气条件等因素的影响（相关因素见表 3.2）。

表 3.2　环境干扰因素分类 [3]

环境干扰因素类别	主要内容
道路条件	道路指示、道路形状、附着、坡度等
天气条件	光线、能见度、温度、风力等
周边条件	周边车辆、人员、建筑、障碍物等

---

① Wang W, Na X, Cao D, et al. Decision-Making in Driver-Automation Shared Control: A Review and Perspectives［J］. IEEE/CAA Journal of Automatica Sinica, 2020, 7（5）: 1–19.

② 参见刘瑞、朱西产、刘霖等:《基于非合作模型预测控制的人机共驾策略》，载《同济大学学报（自然科学版）》2019 年第 7 期。

③ 毛向阳、尚世亮、崔海峰:《自动驾驶汽车安全影响因素分析与应对措施研究》，载《上海汽车》2018 年第 1 期，第 33—37 页。

针对环境干扰，在自动驾驶汽车开发过程中，"首先基于目标市场的数据收集，汇总出交通环境数据库；再对相关因素进行归类分析，得出每类因素中的变量值及占比；然后将不同因素变量组合成的驾驶工况与用户不同操作及系统预期功能相结合，得出自动驾驶用例库。该用例库将作为开发自动驾驶系统的设计输入，同时也是验证和评估自动驾驶系统的重要依据"（见图3.4）。[①]

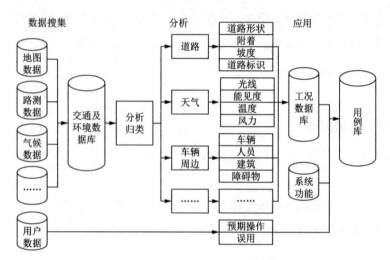

图3.4　自动驾驶汽车用例库的生成

（二）网络攻击

随着5G、人工智能、物联网等新型基础设施的迅速发展，自动驾驶汽车不再是孤立的机械单元，正由移动私人空间逐渐转变为可移动的智能网络终端。特别是通过车辆联网带来的网络安全风险，容易被黑客利用漏洞进行攻击，从而导致事故的发生。如何在

[①] 毛向阳、尚世亮、崔海峰：《自动驾驶汽车安全影响因素分析与应对措施研究》，载《上海汽车》2018年第1期，第33—37页。

车辆的开发过程中有效控制网络干扰和攻击，降低车辆的安全风险？道路车辆—汽车网络安全工程（ISO/SAE 21434）就应运而生了。该标准是由国际标准化组织（ISO）与国际自动机工程师学会（SAE）共同制定完成，并于2021年8月31日正式发布。

虽然上述因素均会影响自动驾驶汽车的行驶安全，但是导致事故发生概率较大的因素是驾驶员误操作、紧急状况下的驾驶员后备、系统功能局限以及环境干扰。

第二节　自动驾驶汽车法律责任分配的影响因素

在对自动驾驶汽车致害进行追责时，必然考虑致害因素。而最终责任应当由谁来承担，则涉及责任的分配。在责任的分配中，较难确定的是由车辆本身导致的事故要如何追究最后的责任人。原因在于自动驾驶汽车本身的归属、车辆由谁控制等的商业模式（business model）不同，相关利益主体间的责任承担方式也会有所不同。因此本节重点阐明不同商业模式对于自动驾驶汽车致害责任的影响，并分析未来最有可能大规模商业化的自动驾驶汽车商业模式。

商业模式并非法律术语，根据管理学学者的描述，商业模式是指一个组织在明确外部假设条件、内部资源和能力的前提下，用于整合组织本身、顾客、供应链伙伴、员工、股东或利益相关者来获取超额利润的一种战略创新意图、可实现的结构体系以及制度安排的集合。简单地说，商业模式是企业经营商业活动的方法。

伴随着自动驾驶汽车商业模式的新进展，关于商业模式的理论探讨、实践探索逐步趋于成熟，从商业价值开发的视角观察，聚焦于汽车制造、自动驾驶汽车软件开发与服务提供等核心价值链，以期探明不同模式下自动驾驶生态体系如何搭建[1]，同时也有研究聚焦于自动驾驶技术对共享出行模式的影响。[2]

然而，既有研究更多的是在商业或经济层面展开，未揭示不同商业模式下各相关利益主体间的法律关系，尤其是汽车完全自动化后人们在使用自动驾驶汽车过程中所产生的全新权利义务关系。如前述自动驾驶技术对共享出行模式的研究，意在指出"随着汽车自动化的出现……出租和 B2C/P2P 服务模式也开始变得模糊，因为车辆不再需要人类司机或主管，'雇用'某人与否的区别被剥离。相反，谁拥有车辆和谁控制共享自动驾驶汽车（Shared Automated Vehicles, SAV）网络的运营决策成为定义 SAV 业务模型的两个最重要的因素"[3]，并以此为基础分析 SAV 服务的潜在业务模型。具体来说，既有法学理论多笼统地将自动驾驶汽车作为一个统一的变革要素，由此来论述相关的权责规则变化，忽视了自动驾驶生产、使用中的复杂性。

在分析自动驾驶汽车责任规则时，要"内外有别"，区分自动驾驶汽车所有人、使用人、生产者、销售者在责任承担上的差异。[4]但既有研究未能有效认识到自动驾驶背景下汽车生产、销售、所有、使用将发生的本质性变革，因此在分析自动驾驶汽车所有人、使用人应承担的责任时，仍沿用"所有—使用"这一范畴。就实践

---

[1] See Pol Camps-Aragó, Simon Delaere. Competitive advantage, business models and implications for dominance in the race towards autonomous driving.

[2] See Adam Stocker and Susan Shaheen, Shared Automated Vehicles: Review of Business Models, The International Transport Forum, Discussion Paper No. 2017–09.

[3] See Adam Stocker and Susan Shaheen, Shared Automated Vehicles: Review of Business Models, The International Transport Forum, Discussion Paper No. 2017–09.

[4] 参见景获:《自动驾驶汽车侵权责任研究》，西南政法大学 2019 年博士学位论文，第 71 页。

观之，目前自动驾驶汽车最可能落地的商业模式是自动驾驶出行服务，这是一种面向公众的新型出行模式。此时，具体乘坐或使用自动驾驶汽车的应是"乘客"，即"乘客"才是自动驾驶汽车的直接使用者，此时直接使用自动驾驶汽车的"乘客"不应被认定为可以"启动按钮"的"使用人"。"制造商将与其生产的产品的联系越来越紧密，很可能远程就可以实现对自动驾驶汽车的操控，生产者将会具有取得自动驾驶汽车保有人身份的可能的论断"[1]亦将受到挑战。以百度推出的萝卜快跑业务为例，此时控制自动驾驶汽车的并非汽车生产者，而是自动驾驶车队的运营者。

就自动驾驶汽车商业模式的理论分析而言，比较具有代表性的研究成果有《竞争优势、商业模式以及在自动驾驶竞赛中占据主动地位的影响》(Competitive Advantage, Business Models and Implications for Dominance in the Race towards Autonomous Driving) 和《共享自动驾驶汽车：商业模式回顾》(Shared Automated Vehicles: Review of Business Models)。前者主要聚焦在"生产端"，即聚焦于自动驾驶汽车主要由谁主导生产；后者主要聚焦在"消费端"，即聚焦于自动驾驶汽车主要由谁推向消费市场。就本节的研究目的而言，这两个研究视角不应完全割裂，故在下文将先对前述的研究成果进行系统介绍，并以此为基础分析不同商业模式对相关主体权利义务的潜在影响。

一、侧重"生产端"的商业模式

对自动驾驶汽车而言，自动驾驶软件无疑是一种核心资产，因

---

[1] 参见冯珏：《自动驾驶汽车致损的民事责任侵权责任》，载《中国法学》2018 年第 6 期。

此在软件开发及推向市场的"竞赛"中处于有利位置者将成为自动
驾驶汽车产业链的控制者角色。[①] 由此，区别于传统汽车生产链条
中整车厂处于主导位置的商业模式，自动驾驶汽车的生产链条出现
了诸多新变化。根据《竞争优势、商业模式以及在自动驾驶竞赛中
占据主动地位的影响》的观点[②]，汽车制造（HW）、自动驾驶汽车
软件开发（SW）和服务提供（SP，即提供乘客乘坐或车辆订阅）
三重要素将在自动驾驶汽车的产业链中居于核心角色，据此可衍生
出如下五种可能的商业模式（见表 3.3）。

表 3.3　不同商业模式的比较

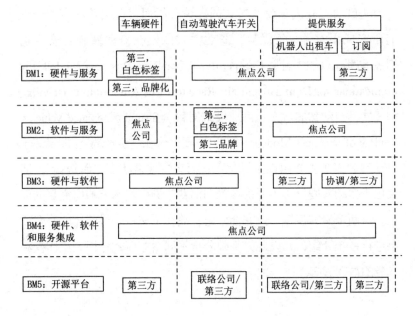

---

① See Pol Camps-Aragó, Simon Delaere. Competitive advantage, business models and
implications for dominance in the race towards autonomous driving.

② 本部分对面向生产端商业模式的介绍主要参考 Pol Camps-Aragó, Simon Delaere.
Competitive advantage, business models and implications for dominance in the race
towards autonomous driving。

（一）模式一：自动驾驶汽车软件和服务提供角色的集成（SW-SP）

如 Waymo、Yandex 等，它们既开发自动驾驶的人工智能软件系统，也在进行自动驾驶出租车（Robotaxi）试点。而自动驾驶软件和网约车服务提供商能力的相似性——都依赖于人工智能和数字平台——促进了这两个角色的融合。

（二）模式二：汽车制造和服务提供角色的集成（HW-SP）

传统汽车制造商用自己的品牌汽车提供移动服务，如宝马（BMW）和戴姆勒（Daimler）目前使用自身的通用汽车共享平台 ShareNow（针对手动驾驶汽车）。此时自动驾驶软件将由第三方开发和提供。

（三）模式三：汽车制造和自动驾驶汽车软件角色的集成（HW-SW）

模式三是集成商业模式的变体。这种模式由汽车制造商自行开发自动驾驶软件系统，或者自动驾驶软件企业开发生产自有品牌"实体"汽车，这种模式对于制造商和软件商的综合能力要求较高。在这种情况下，第三方平台仅发挥提供服务的功能。"整车"生产商可以向私人出售车辆，不过由于生产资质等原因软件开发商建立生产工厂并不现实，但它们可以依赖代工。例如现阶段的小鹏汽车与蔚来，前者自主开发自动驾驶软件并自筹建立汽车生产厂；后者则暂时侧重于自动驾驶软件及整车的开发，生产制造由江淮汽车代工。[1]

---

[1] 根据 2022 年 7 月 8 日工信部发布的《道路机动车辆生产企业及产品（第 357 批）》，蔚来牌换电式纯电动轿车的申报主体为安徽江淮汽车集团股份有限公司。

（四）模式四：硬件、软件和服务的集成（SW-HW-SP）

这一模式下一个单一实体执行所有三个中心角色，这一模式以特斯拉和通用汽车的 Cruise 为代表。这两家公司声称，其战略目标是在内部开发所有主要技术元素，并提供机器人出租车服务。以特斯拉为例，据报道，2022 年 4 月初，马斯克在得州工厂的开幕仪式中暗示特斯拉正在研发一款专门用于 Robotaxi 的车型。不到两周之后的特斯拉第一季度财报会议中，马斯克更是直接确认了这款 Robotaxi 将采用无方向盘或踏板的设计，而且预计会在 2024 年实现量产。[①]2024 年 4 月 6 日，马斯克正式在 X 平台宣布，特斯拉将在 8 月 8 日发布 Robotaxi 产品。[②]

（五）模式五：开源平台

这一模式的所有者和成员公开共享它们的资源，如测试数据和自动驾驶代码，以开发或改进它们自己的自动驾驶系统和硬件。开放平台通过向独立开发人员提供可以构建其解决方案的基本元素（如云服务平台）来激励潜在合作伙伴的加入，以促进系统生态的发展，同时借助数据和知识共享促成协同效应。平台运营商依赖第三方执行关键角色，甚至可以让第三方扮演直接与之竞争的角色。例如，通过共享代码和试点测试数据，允许第三方改进它们的软件或叫车服务。平台所有者依靠销售互补产品来变现。

[①] 参见《特斯拉的 Robotaxi 何必一定是 Taxi》，载 42 号车库，https://baijiahao.baidu.com/s?id=1732631823771009623&wfr=spider&for=pc，最后访问日期 2023 年 10 月 7 日。

[②]《马斯克：特斯拉 8 月 8 日推出 Robotaxi》，载中国经济网，https://bajiahao.baidu.com/s?id=1795637206498371527&wfr=spider&for=pc，最后访问日期 2024 年 6 月 18 日。

二、侧重"消费端"的商业模式

前述研究更多侧重于"生产端",而《共享自动驾驶汽车:商业模式回顾》则更多的从"消费端"[①] 对自动驾驶汽车的可能商业模式进行了讨论,尤其聚焦了共享出行模式下自动驾驶汽车可能的商业模式。

该文认为,一旦车辆拥有完全自动化的功能,可以在公共道路上合法行驶,无需任何人力监督(可以在公共道路上无人驾驶),共享出行模式的定义和商业模式就开始变得模糊。例如,在车队由全自动车辆组成的情况下,共享汽车和专车服务将变得非常相似。因车辆将有能力按用户的要求驾驶,并自动驾驶到目的地,因此共享汽车系统的用户将不再需要使用共享汽车。换言之,此时共享汽车在服务的结果上将类似于目前存在的专车服务。此外,出租和 B2C/P2P 服务模式也开始变得模糊。因为车辆不再需要人类司机,"雇用"某人与否的区别逐渐消失。相反,谁拥有车辆和谁控制 SAV 网络的运营决策成为定义 SAV 业务模型的两个最重要的因素。据此,该文认为 SAV 的商业模式将在以下两个主要方面发生变化:(1)车辆所有权(谁拥有车辆);(2)网络操作(谁控制网络操作)。

基于全自动驾驶汽车,出租商业模式将融入 B2C 和 P2P 模式(见表 3.4)。潜在的车辆拥有场景将变成:(1)企业拥有(B2C);(2)个人拥有(P2P);(3)混合业务/个人所有。

[①] 本部分内容详见 Adam Stocker, Susan Shaheen, Shared Automated Vehicles: Review of Business Models。需注意,在该报告中作者有意不对私营或公共部门进行区分,只区分个人和实体。在业务模型定义中,实体可以指私营或公共部门所有者或经营者。使用 B2C 这个术语是为了简化,其可以指公共实体。

表 3.4　潜在的 SAV 模式

车辆所有权	工商业	个人（P2P）	混合业务／个人
网络运营	1. 同一实体拥有和经营 2. 拥有和经营实体不同	1. 第三方实体经营 2. 分散对等业务	1. 同一实体拥有 2. 第三方实体经营

对商业模式具有实质影响的另一个核心要素是实体或个人控制 SAV 网络的运营以及他们与车主的关系。SAV 网络运营商控制车队级别的决策，其中可能包括以下一项或多项职责：预订、路由、支付、运营区域、费用结构、用户数据收集、会员决策、冲突缓解、车辆维护和保险。根据具体的业务模式和个案协议，这些责任可能部分或全部落在车主身上，也可能完全落在另一个实体身上。最终，车辆所有者和网络运营商将从他们的资产和服务中获得一部分用户费用，而利润的分配方式将再次因商业模式改变而不同。

基于上述认知，该文分析了可能出现的商业模式：

（一）B2C 模式：单一所有—运用者

该模式下，由企业拥有车辆（B2C），且由同一实体拥有和运营 SAV 车队。以 Car2go 为例，其是戴姆勒旗下的汽车共享项目，主要采用奔驰 smart 组成单程、自由流动式汽车即时共享体系。不过，2018 年其已与宝马旗下的共享汽车品牌 DriveNow 合并。新组建的公司在全球范围内拥有 2 万辆共享汽车、约 14 万叫车软件司机、1300 万用户以及超过 14.3 万个充电桩。[1] 同样的还有萝卜快跑，其已经在微信小程序、百度地图、萝卜快跑 App、百度 App 等多个平

① 参见彭大伟：《宝马和戴姆勒宣布合并旗下共享出行业务》，载中国新闻网，http://m.cnr.cn/auto/20180329/t20180329_524180193.html，最后访问日期 2022 年 10 月 7 日。

台开启服务入口。截至 2024 年 5 月，百度萝卜快跑在全国 11 个城市落地自动驾驶车辆，合计超过 1400 台，完成 600 万人次的出行服务。

（二）B2C 模式：所有和运营归属不同实体

该模式下，由企业拥有车辆（B2C），且由不同实体拥有和运营 SAV 车队。一些实体可能有网络运营经验，但没有或只有很少的车辆，一些实体可能拥有车辆，但没有内部运营的专业知识。因此，可能会出现两家（或更多）公司合作提供 SAV 服务的业务模式，如通用汽车和 Lyft 采取的合作模式。

不过，如果资金充足，网络运营商也有可能直接从车主或制造商那里购买车辆。同样，车主可以收购运营公司，成为一个单一的"车主—经营者"。

（三）P2P 模式：由第三方运营

该模式下，个人拥有车辆（P2P），且由第三方实体运营。个人在他们不使用自己的自动驾驶汽车或当他们想共享额外的座位时，可以将自己的车辆放在 SAV 网络中。这种模式下，第三方将控制网络运营，可能会从车主、用户那里获得一些资金，以换取他们的服务。可能的实践事例：P2P 汽车共享运营商或专车资源服务，但 SAV 网络上的车辆需是完全自动驾驶汽车。

（四）P2P 模式：去中心化操作

该模式下，个人拥有车辆（P2P），且采取分散的点对点操作。该商业模式使用个人拥有的车辆，操作方面不受任何一个集中的第三方控制，而是由个人所有者和商定的操作程序决定，可能会借助一些新兴的去中心化技术，比如区块链。这种商业模式的优势包括提高数据隐私性，大大降低用户和车主的支出，增加车主的控制权。缺点包括监管不确定性、保险和责任问题以及网络优化问题。可能的实践事例：Arcade City，这是一家总部位于奥斯汀的租车服务公司，它是真正的点对点运营，没有中央中介。[①]

（五）混合所有和同一实体经营

该模式下，企业与（或）个人混合拥有车辆，且由拥有部分车辆的同一个实体运营。换言之，由拥有车队中的部分 SAV 的实体运营，同时允许个人将其自备的自动驾驶汽车在该实体运营的网络上共享，以加入 SAV 车队。

（六）与第三方运营商混合所有

该模式下，企业或个人混合拥有车辆，且由第三方实体运营。换言之，第三方本身不拥有自动驾驶汽车，仅对个人和企业共享到其网络中的自动驾驶汽车进行运营。这样的网络运营商可能会使用个人拥有的自动驾驶汽车，直到有额外的需求要求他们将其他实体的车辆接入自己的网络。如果他们的 P2P 车队在那个时候忙于服务其他乘客，第三方运营商可能会根据需要"租赁"一个可用的实体所有的 SAV 来满足需求，根据英国的《自动驾驶汽车法案》，所有的非用户负责模式都必须由有资质的运营主体进行运营。

前述模式间的差异在下文有具体展现（见表 3.5）。

---

① 截至 2022 年 9 月，该模式的合法性存疑。

表 3.5 潜在的 SAV 类型 / 容量和服务模式

车辆类型 / 容量	车辆所有权模型	集合期权	临时服务属性	空间服务属性
大型车辆（20 人以上）	B2C 模式—B2C/P2P 混合模式	是	固定时间服务，有可能根据需求提供一定的灵活性	固定路线服务，具有基于需求的某种灵活性的潜力
中型车辆（7 至 20 人）	B2C 模式—B2C/P2P 混合模式	是	根据服务提供的不同，从固定时间安排的服务到更灵活的时间安排服务	固定路线服务，针对需求的灵活性略高于大型车辆
小型车辆（3 至 7 人）	B2C 模式—P2P 模式—B2C/P2P 混合模式	是，取决于服务	从按需服务到松散预约服务	从点到点服务到灵活航线和偏离航线服务
微型车辆（1 辆或 2 辆）	B2C 模型—P2P 模型混合 B2C/P2P 模式	一些案件	可能随需应变	很可能是点到点，很少或没有路线偏离

三、"生产—使用"全链条视角下的自动驾驶汽车商业模式

结合上述研究成果及国内外相关实践，从自动驾驶汽车的生产到最终使用这一全链条视角下的商业模式更可能是前述模式的融合，具体可能有多种商业样态，且这些商业样态的存在并不相互排斥。

（一）"生产—销售—所有"模式

在"生产—销售—所有"模式下，由自动驾驶汽车的生产者将自动驾驶汽车出售给客户，由客户拥有所有权并使用。此处的客户，既可能是作为消费者的自然人，也可能是各类公司、合伙，乃至公法人等。

在这一模式下，汽车保有方面与既有模式并无本质区别，但自动驾驶汽车的生产端与传统模式有所区别，具体体现在自动驾驶软

件对自动驾驶汽车的决定性意义①。在自动驾驶汽车的生产中，有可能由自动驾驶软件开发者主导，这种主导既可能是由自动驾驶软件开发者自行组织整车厂进行生产，也可能是由自动驾驶软件开发者采用代工方式进行生产。当然，自动驾驶汽车的生产也可能是由传统的汽车整车厂主导，通过采购第三方开发的自动驾驶软件进行自动驾驶汽车的生产。虽然在最终的责任认定中，两者均可借用"生产者"指代，但对于具体的软件开发者与汽车整车厂而言，在责任的承担上应有所差别（此种模式下相关主体间的结构见图3.5）。

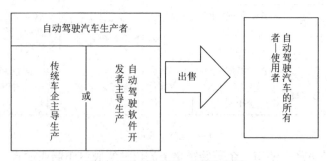

图3.5 "生产—销售—所有"模式

（二）自动驾驶汽车的共享模式

在共享模式下，由中心化的自动驾驶汽车的共享平台或去中心化的自动驾驶汽车共享平台向自动驾驶汽车的使用者（乘客或货物托运人）提供运输服务或汽车租赁服务。当然，在完全自动驾驶下，基于自动驾驶汽车的运输服务或汽车租赁服务的边界将模糊化。

自动驾驶汽车共享平台的运营者，既可能由独立第三方担任，也可能由自动驾驶汽车车队的所有者担任，还可能由自动驾驶汽车

---

① 当前，虽然尚未就自动驾驶汽车形成统一的概念，但相较于传统汽车，人类驾驶员被排除无疑是自动驾驶汽车的核心特质。参见景获：《自动驾驶汽车侵权责任研究》，西南政法大学2019年博士学位论文，第102页。

生产者担任。传统车企主导下的自动驾驶汽车生产者与自动驾驶软件开发者主导下的自动驾驶汽车生产者均可担任运营者。

共享平台智能网联汽车既可能源于平台向自动驾驶汽车生产者的购买、租赁，也可能来自智能网联汽车"所有一使用"者对自有汽车的共享。

前述各样态彼此间并非排斥关系，如对于中心化的共享平台来说，前文列举的三种运营样态既可能同时存在于实践中，也可能部分存在于实践中。不同运营样态下的中心化共享平台与不同样态下的自动驾驶汽车生产者间同样不是排斥关系，不同样态的自动驾驶汽车生产者可能作为共享平台的运营者，亦可选择向独立第三方或"所有一使用"者运营的共享平台出售或出租自动驾驶汽车。由此，在此种模式下，同一主体可能同时扮演不同角色，如在自动驾驶汽车生产者运营中心化的共享平台时，其既是生产者，又是平台运营者；平台运营者既可能是自动驾驶汽车的出租人或运输服务的提供者，又可能是其他自动驾驶汽车所有者共享汽车的平台提供者（此种模式下相关主体间的结构见图 3.6）。

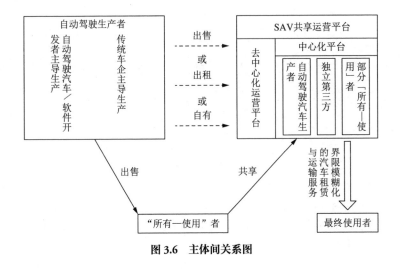

图 3.6　主体间关系图

　　需注意的是，上述关于自动驾驶商业模式的分析，更多聚焦在高级别自动驾驶之上，即可以排除人类驾驶员的自动驾驶。目前实践中各厂家宣称的自动驾驶更多的是低级别自动驾驶技术，这类技术仅具有驾驶辅助功能，并不能取代人类驾驶员的角色。换言之，低级别自动驾驶技术并未带来革命性变革。以特斯拉为例，其已经商业化提供的是 L2 级别自动驾驶技术，针对部分早期用户的特斯拉 FSD 的 Beta 版本介于 L2 级别和 L3 级别之间，仍然需要驾驶员始终观察环境、随时接管，事故由驾驶员负责。对此，加州参议院通过了一项新法案，禁止特斯拉在智能驾驶的广告里包含"自动驾驶"等字眼。① 在可预期的未来，自动驾驶汽车极可能不是以个人购买的形式出现在社会日常生活中，而是以自动驾驶出租车模式出现。

---

① 《特斯拉以后不能叫全自动驾驶！加州做得过分了？》，载新浪财经，https://finance.sina.com.cn/jjxw/2022-09-05/doc-imqmmtha6064553.shtml，最后访问日期 2022 年 9 月 13 日。

——— 第四章 ———

自动驾驶车辆交通肇事的刑事归责

技术创新和进步已经深深改变了人类的生活方式和思维习惯，信息革命时代的机器和系统不仅是提高使用者生活和工作能力的工具，还是一种高度自主甚至可以脱离人类控制且独立作出判断的机器人。2023 年 9 月，习近平总书记在黑龙江考察调研期间提出新质生产力的概念，新质生产力以科技创新催生新产业、新模式、新动能为目标，具有高科技、高效能、高质量的特征，是一种新发展理念的先进生产力质态。当前新质生产力的核心要素包括自动驾驶、人形机器人、量子信息通信、人工智能与算力、类脑智能等新型创新性和高附加值科技产业，这些产业的发展均离不开大数据统计和机器深度学习等方面的技术支撑。其中，自动驾驶作为建设科技强国的重要赛道，它并非技术单向线性发展，而是通过匹配和融合感知技术、决策与规划技术、控制与执行技术、定位与地图技术、人机交互与安全技术等诸多复杂的 AI 技术，实现无限接近人类思维和操控能力并把驾驶者从车辆驾驶中解放出来的目标。可以说，自动驾驶颠覆了一百多年以来人类对传统汽车的认知，以往对安全和速度的追求以及对驾驶者注意义务的不断附加，逐渐转变为一切交由自动驾驶系统负责，这是人类文明演绎的主动选择，自动驾驶不仅解放了驾驶者，还使得因酒驾、超速、闯红灯等违反交通规则的行为引发的交通事故的数量大幅下降。据统计，2023 年全国共发生道路交通事故 175 万起，较 2022 年上升了 8%。其中，死亡人数达到 50 万人，上升了 4%；受伤人数达到 6 万人，上升了 5%。[①] 通过分析数据发现，事故发生的原因中疲劳驾驶占 15%，酒后驾驶占 13%，超速行驶占 11%。根据科学测算，自动驾驶技术可以使 90% 的交通事故得到避免，因为 80% 左右的交通事故都是因人类不当行为引起，而自动驾驶正是在避免这些不当行为的基础上实现的标准化、技术化和自动化运行。[②]

当然，享受先进技术带来生活极致便利的同时，我们也不能忽视技术附带的风险，如果存在驾驶者疏忽、系统崩溃、技术漏洞等问题，就会发生难以预料的后果。所以自动驾驶技术虽好，但离不开社会规则的限制和责任的划分，只有责任明确才能倒逼技术人员努力避免技术漏洞、提高运行安全系数。责任是确保社会有序的稳压器，任何一个行业或产品若没有责任这一缰绳的牵绊，将会如脱缰的野马，最后的结果是行业或产品的消亡，而不是技术的迭代和更新。社会需要规则，人类需要义务，人类社会对抗自然、文明演绎、享受民主都是在履行义务、遵守规则的前提下所获取的。虽然目前国内尚未有对自动驾驶引起的交通肇事进行刑事责任追究的具体案例，但对于潜在的风险仍需要未雨绸缪，唯有好的法律体系才能为人类的行为提供足以依赖的行为规则。毕竟自动驾驶中的强智能性所带来的伦理挑战和风险不同于以往任何一次的技术进步，它是一种颠覆的，甚至可以覆盖人类心智盲区并实现自我迭代更新的

---

① 《2023 年我国车祸数据分析报告》，载百家号，https://baijiahao.baidu.com/s?id=1784084184746886479，最后访问日期 2024 年 3 月 30 日。

② 《自动驾驶更安全，将消除 90% 以上交通事故》，载百家号，https://baijiahao.baidu.com/s?id=1716218268873950934，最后访问日期 2024 年 3 月 30 日。

挑战和风险，这种技术风险从某种角度上来说不能由风险社会理论完全涵盖和解释，是需要新时代全人类共同面对的风险。

第一节 问题提出和研究对象

依据国家标准《汽车驾驶自动化分级》（GB/T40429-2021），驾驶自动化系统可分为 6 个等级，对于 L0 级别至 L2 级别自动驾驶系统，驾驶者处于对车辆的主导和操控地位，即使运用了辅助驾驶系统，也并不能降低驾驶者的注意义务，仅可以作为酌定量刑情节予以考虑；而对于 L5 级别自动驾驶系统，因汽车具有完全的智能化，自动驾驶系统已完全取代驾驶者成为汽车驾驶主要操控者，即人与车处于物理分离状态，所以驾驶者的注意义务可以忽略不计，即使出现危害后果，首先考虑的是后台观察员、系统设计者、汽车生产者的责任问题，原则上不追究驾驶者的刑事责任。换言之，驾驶者已对自动驾驶系统处于高度信任状态。既然要对自动驾驶引起的交通肇事进行刑事归责，就需要明确自动驾驶概念和责任承担主体，不同的驾驶环境和不同的责任主体所承担的注意义务存在明显差异。所以本章的讨论对象限于有条件自动驾驶、高度自动驾驶两种状态。

有条件自动驾驶是指自动驾驶系统可以在设计运行条件下完成动态驾驶任务，在自动驾驶系统提出动态驾驶任务接管请求时，驾驶人应当响应该请求并立即接管车辆。换言之，此种场景不能以"驾驶者具有主导权"来概括运行环境，而是更符合人与车在不同的条件下分别主导的认定。高度自动驾驶是指自动驾驶系统可以在设计运行条件下完成所有动态驾驶任务，在特定环境下自动驾驶系统提出动态驾驶任务接管请求时，驾驶人应当响应该请求并立即接管车辆。① 高度自动驾驶这一级别的自动驾驶技术已经非常成熟，可以实现完全无人化的驾驶，车辆可以在大多数道路和环境条件下独立完成驾驶任务；换言之，虽然在紧急情况下如恶劣天气、复杂道路环境等，驾驶者有接管义务，但车辆在整体驾驶过程中处于主体地位，且刑事归责的空间被进一步压缩。显然，无论是有条件自动驾驶，还是高度自动驾驶，其实质反映的都是驾驶者和车辆的紧密关系和责任关系。法学理论学者关心的是自动驾驶引发的交通肇事责任归属问题，例如自动行驶的车辆对他人的身体造成了伤害，但此时车辆并非由人类驾驶员所操控，那应由谁来承担侵权责任或刑事责任。虽然 L3 级别和 L4 级别的自动驾驶车辆还处于试验阶段，但科技总是将未知的情形带入现实世界中，作为法律人，我们需要前瞻性地对未来世界的法律规制和调整进行探讨，本章尝试从刑法的角度讨论自动驾驶汽车交通肇事中的归责问题，以促进自动驾驶技术和安全标准的科学化和规范化。

第二节　自动驾驶模式下交通肇事罪承担主体

传统交通肇事刑事责任主体包括驾驶者和行人，但在自动驾驶模式下的刑事责任归属中，具体涉及制造商、经销商、保有人、驾驶员、系统设计者、服务运营商、技术监督者等多个主体，学者进行了广泛的讨论。有学者认为，自动驾驶汽车的智能程序编写者，自动驾驶汽车的制造商、销售商、使用者，以及自动驾驶汽车监管

---

① 参见《深圳经济特区智能网联汽车管理条例》。

机构等，都是可能承担交通肇事刑事责任的犯罪主体①，并且"应肯定具备独立辨认、控制能力的强人工智能机器人之刑事责任主体地位"。②但笔者认为此种观点难以成立，交通肇事罪承担的主体必须具有主观过失，且行为与危害结果之间具有直接的因果关系，考虑到自动驾驶模式下造成的后果往往是由多个原因造成的，这就需要排除与危害结果相关的间接因果关系主体，具体包括制造商、经销商、保有人、系统研发者等，这些可以成为民事责任承担的主体，但并非交通肇事刑事责任承担主体，刑事责任难以认定。因为自动驾驶系统研发者并非针对某个具体车辆的系统进行开发，即使因系统瑕疵而产生严重后果，其触犯的罪名也只是重大责任事故罪，而非交通肇事罪。传统上认为"谁驾驶谁承担"，这里则是"谁控制谁承担"，基于自动驾驶系统的特性和人类个体的主观意志，除了驾驶者、行人外，还应包括自动驾驶汽车后台观察员（也被称为技术监管者、安全员等）。③从逻辑上看，自动驾驶汽车运行的原理是在通信技术的支撑下根据设定的模型随时接收外在信息的变化，所以后台观察员在获得授权的基础上可以在特定场景下接管车辆以避免交通肇事发生或者避免损害结果扩大。2024年5月实施的《杭州市促进智能网联车辆测试与应用促进条例》中规定的安全员（非驾

① 卢有学、窦泽正：《论刑法如何对自动驾驶进行规制》，载《学术交流》2018年第4期。

② 刘宪权、胡荷佳：《论人工智能时代智能机器人的刑事责任能力》，载《法学》2018年第1期。

③ 市场上开发了多种类型的自动驾驶系统，有专门为汽车制造公司提供自动驾驶系统服务的公司，例如华为的ASD，有的汽车制造公司本身就开发与车配套的自动驾驶系统，例如特斯拉公司FSD。笔者认为，无论采取哪种模式，最终还是要把观察员归属于汽车制造公司，即将汽车和自动驾驶系统整合一起的公司，该公司系对自动驾驶系统安全运行的第一责任公司，其有义务设立观察员观察出厂的汽车运行状况，并随时从后台接管出现状况的汽车。

驶者）是指经智能网联车辆测试与应用主体授权，负责监控车辆运行状态和周围环境，能够从云端接管车辆，保障智能网联车辆安全运行的专业人员。此类人员在驾驶者疏忽或无法接管自动驾驶车辆时，应随时替代驾驶者接管车辆或者干预自动驾驶系统，如因过失（如擅离职守）没有按照操作流程接管的，可能要对导致的交通肇事严重后果承担相应的刑事责任。但不得不承认，安全员承担交通肇事罪的空间相对较小，唯有对具体车辆的系统监控存在注意义务违反时才可能涉及，这里还涉及车辆运营商和生产商对安全员岗位的职责设定。

这里需要强调的是，自动驾驶系统研发者不具备成为交通肇事罪的主体空间，因为其不存在对危害结果发生的可预见性，在所编写的程序正式投入市场运行前，按照既定的智能程序测试流程对编写的运行规则进行了完备的测试和复杂的检测，并没有发现存在问题；在面对复杂的交通环境时，自动驾驶系统出现问题是程序编写者可能难以预见的，尤其是在高度自动驾驶的模式下，驾驶权已由人类驾驶人转移至自动驾驶系统，因为编写者不可能考虑到实际生活中的所有情形并预设毫无漏洞的运行规则，如果强行将编写者纳入交通肇事罪的承担主体，将会导致自动驾驶研究的减缓甚至凋敝，会极大地阻碍我国人工智能的发展。至于编写者恶意编写程序，将人工智能作为犯罪工具，则需另当别论。即使编写者因自身疏忽导致编写的程序存在缺陷或者系统未及时更新，所引发的交通事故确与编写者有关但也不存在直接的因果关系，编写者所承担的刑事责任只能是重大责任事故罪或其他犯罪的责任。交通肇事罪不是单位犯罪，唯有行为人违背了注意义务，且该义务源自危害结果的可预见性才能论及责任承担，而刑法因果关系的认定本质上是归责的判断，鉴于自动驾驶汽车的制造商、运营商或监管机构等主体并不处在汽车行驶的具体场景中，故这些主体对交通事故仅有间接的因果关系和间接的结果避免义务而注定无法成为交通肇事罪的主体。

第三节　刑事归责的具体展开

一、个体承担民事责任是刑事责任追究的逻辑前提

自动驾驶车辆在预设的模式下，由于系统研发者、车辆驾驶者对交通环境、天气、路况的认知和融合必然存在瑕疵或盲区，不同公司开发的自动驾驶系统也因知识产权或技术壁垒还无法做到完全融合和相互匹配（特斯拉 FSD V12、华为 ADS、斑马智行 AliOS 等），交通肇事的出现无法避免，例如面对道路上的障碍物，特斯拉 FSD V12 采用纯视角算法（相当于人类的眼睛）通过感知（Perception，用神经网络来判断在每一个体素中是否有东西占据）、规划（Planning，从所有可能的轨迹中计算出不与其他物体碰撞且不违反交规的路径）和控制（Control，涉及车辆的加速、制动和转向等操作，主要体现为硬件方面）三阶段实现最终的规避，它可以预测流媒体视频中每一个像素的深度信息，而国内部分公司的车辆则采取超声波雷达识别，逻辑上前者更为科学合理，减少了车机系统对代码的依赖，使其更加接近人类司机的决策过程，只不过需要研发公司积累足够多的数据信息和拥有强大的算法能力。[①]《民法典》

[①] FSD 系统的原理是通过将车辆与高精度地图和实时数据相结合，进行路径规划和决策，以实现车辆的安全行驶和精准操作。该系统采用了深度学习和机器学习算法，可以不断学习和优化驾驶策略，提高驾驶的安全性和效率。但特斯拉也提醒用户，FSD 目前仍然是辅助驾驶功能，驾驶员在使用时必须保持注意力并准备随时控制车辆。

第1202条规定,"因产品存在缺陷造成他人损害的,生产者应当承担侵权责任"。因此,当造成事故侵害的原因是产品本身的缺陷,此时由车辆的制造商来承担过错责任并无不妥。当自动汽车并不存在缺陷时,即损害的因果关系无法被归结到汽车制造商时,此时车辆的驾驶者是否应当承担相应的责任则是一个难题。一般而言,因缺乏过错性,所以在自动驾驶模式下汽车驾驶者与侵权损害结果之间并不存在民法上的因果关系,除非自动驾驶发生预警且驾驶者因疏忽或者未按驾驶规范操作才可能涉及民事责任的赔偿,否则很难期待驾驶者承担侵权责任,且对驾驶者只能使用过错责任。换句话说,在难以认定车辆驾驶者民事责任的情形下,尚不涉及驾驶者的刑事责任,责任性质的先后顺序和逻辑关系必须坚守。鉴于制造商所研发和生产的智能汽车是具有危险性的产品,并且智能汽车在其自动驾驶过程中因其"自主决策"造成的损害在制造商研发与生产的过程中是否能预见和避免往往难以查证,基于此,可以考虑对制造商适用严格责任,进而有利于制造商在保证技术拥有足够的成熟度和安全可靠性后再将其自动驾驶技术投入市场,以避免不当风险的存在。① 因此,驾驶者、行为人的民事责任承担原理因原因力、责任和能力大小与汽车制造商存在差异,后者适用严格责任则有理论上的自洽,前者只能适用过错责任,这也是论及驾驶者或者观察员的交通肇事刑事责任的前提,毕竟无过错无责任是基本原则。

_____

① 《深圳经济特区智能网联汽车管理条例》中对自动驾驶级别和规范有了明确规定,有驾驶人的自动驾驶汽车若是发生交通事故造成损害,由驾驶人承担赔偿责任;若是完全自动驾驶的汽车,在无驾驶人期间发生交通事故造成损害,则由自动驾驶车辆的所有人、管理人承担赔偿责任。该条例对于自动驾驶车辆发生事故后的权责界定,给出了明确的判定。

二、自动驾驶交通肇事主体承担责任的刑事基础

（一）容许的风险

风险作为文明发展无法摆脱的负产品，我们必须以理性化的态度将风险检视为现代社会发展的正常现象，它"蕴含着自由发展的可能性，具有开辟更多选择自由可能性的效果"。[①] 与此同时它也可能带来不确定性与危险，这就涉及对风险的容忍和分配，如何分配风险社会所带来的风险成为现代刑法必须直面的问题。自动驾驶汽车是人类科学技术最新发展、最高水平的集大成者，它所蕴含的产业价值、社会价值和时代价值不可估量，可以将驾驶者从精神高度集中且易疲劳的驾驶状态中解放出来，进而实现交通事故数量的大幅降低，确保人类出行安全和便捷，因此不会因为对人类的生命、健康以及财产安全存在一定风险就被终止。在面对可预知的自动驾驶技术风险时，要承认风险是社会进步所必须承担的代价，源于对社会规律的遵守。当然，技术发展带来的风险需要正视，人类的聪慧之处就是通过法律规则倒逼技术风险尽可能降低。我们不能赋予自动驾驶技术研发者过高的注意义务，否则将延缓技术的进步和迭代，也会放纵行人的秩序意识、驾驶者的注意义务。法律的价值在于规范驾驶者、生产者，在确保科技稳定进步的基础上使风险控制在一定范围和程度，实现二者的平衡和共赢。因此，在充分肯定自动驾驶系社会发展必然产物的同时，必须划定风险所被容许的界限，这也是注意义务需要履行的边界。换言之，容许某种风险意味着对一定范围内的侵害结果予以容忍，我国台湾学者洪福增认为，

[①] 高宣扬：《卢曼社会系统理论与现代性》，中国人民大学出版社 2005 年版，第268页。

被容许的危险是指虽然某种行为有一定侵害法益的危险性质，但是为了达到有益于社会的目的，如果社会一般生活上认为这种危险是相当的，这种行为就是被容许的适法行为。① 被容许风险的决定性标志在于非由行为人答责地缺乏避免力，亦即他在具体个案中没有能力阻止危害结果发生。该理论本质上是将实施危险行为时行为人的注意义务通过法律规定部分分配给社会其他人，行为人被免除的部分注意义务就构成被允许的风险。即使这种风险发生，行为人因不承担这部分注意义务而不具有主观上的过失。

自动驾驶汽车作为高科技产品其风险必然存在，抛开自动驾驶技术本身发展的不足之外，它还存在算法黑箱透明化困境，即自动驾驶汽车在引发交通事故前所作出的自主决策的整个决策流程隐匿于黑箱中，设计师可能无法获悉智能程序是如何作出决策的，自动驾驶汽车自主决策的不可解释性与不透明性带来了归因上的困难，加大了责任确定和责任分配的难度，导致难以将肇事结果归属于实行行为。换言之，不可抗力之处在于自动驾驶技术研发者只能在程序设计之时依照法律与行业规范履行注意义务，但无法对后续使用过程中由算法黑箱导致的错误进行防范，也无法及时作出回避行为，这些只能归为容许的风险。如果现在细化自动驾驶中容许的风险其实是一个难题，因为目前并没有制定自动驾驶技术规范标准，甚至自动驾驶对交通法则的挑战还未有立法上的应对，一切都处于试验和试错状态，这就导致驾驶者、研发者需要履行哪些注意义务也不确定。即使在有条件的自动驾驶模式下，这里的"有条件"到底需要哪些条件驾驶者才可以信赖自动驾驶也不确定。如果设定的条件过多，不仅不会解放驾驶者，反而会增加其义务，自动驾驶的

---

① 赵慧：《刑法上的信赖原则研究》，武汉大学出版社 2007 年版，第 64—66 页。

体验感和舒适感将会严重降低。在自动技术发展过程中，容许的风险理论是对其保驾护航的根基，适当的危险分配必须符合社会普遍的公平要求，历史地考虑处于对立关系的双方利益的平衡，并且充分地考虑各种不同的具体场合和情况。换句话说，一旦容许的风险明确，注意义务的范围也即确定。

（二）注意义务

首先看一则案例，2019年，Kevin George Aziz Riad 驾驶一辆特斯拉汽车闯红灯时撞上另一辆车并造成对方两人死亡，自己也受伤。当时该车正在使用特斯拉的 Autopilot 辅助驾驶系统。死者家属认为驾驶员在事故中存在疏忽，并指责特斯拉销售的车辆有缺陷，导致车辆的突然加速且自动紧急制动没有开启，最终造成严重事故。经调查，事故发生的原因是当时特斯拉辅助驾驶系统还不能识别道路上的红绿灯并作出反应，司机无法及时接管方向盘，车辆因而闯红灯导致两车碰撞，这是美国首例因 L2 级别自动驾驶发生严重事故导致驾驶员被指控重罪。2022年1月，驾驶员被判过失杀人罪，理由是驾驶员需要始终对驾驶负责，不管是否开启 Autopilot 功能，都需要对这起事故负责。[①] 在辅助驾驶系统模式下，系统无论如何辅助自动驾驶，驾驶者都要承担完全的注意义务，一旦发生交通肇事，不能归因于辅助驾驶系统，而是要考察驾驶者有无过失。同样，2016年在河北省邯郸市发生的特斯拉交通事故中，司机开启辅助驾驶系统的汽车未能识别出前方的道路清扫车并刹车，因而发生碰撞，导致特斯拉司机死亡。辅助驾驶系统存在故障或技术

[①]《特斯拉驾驶员滥用自动驾驶被控过失杀人罪》，载《半岛晨报》2023年1月23日。

未达标固然是事故的重要原因，但司机也有未尽注意义务之嫌，因为该级别自动驾驶汽车只能提供驾驶辅助，汽车驾驶者有义务时刻监管驾驶状况，而不能盲目相信辅助驾驶系统。正如日本学者分析指出："诸如特斯拉的案件，即便系统存在瑕疵的可能，对于驾驶员的违反注意义务之认定，和没有安装该系统的通常汽车发生交通事故一样，责任全部归责于驾驶员。"① 上述案例也同时反映出仅是L2级别自动驾驶就存在如此大的问题，L3级别和L4级别的技术实现和责任归因还为时尚早。显然，驾驶者被刑事责任追责是因其主观过失违反了注意义务，注意义务是指行为人预见并避免发生危害社会的结果，而在法律上认为应为必要的作为或不作为的义务，这种注意义务是人们参与社会共同生活、进行社会交往、从事社会生产、维护社会的稳定和秩序所必不可少的共同行为准则。注意义务是社会生活的秩序所要求的，但这种社会生活秩序所要求的注意义务绝不是抽象的，它必须通过法律、法规加以明确，是法律、规则、契约所确定的注意义务。② 日本学者大塚仁指出："对于过失来说，本质性的东西不是使他人负伤的结果，而是懈怠了社会生活上必要的注意这种行为的性质。"对注意义务的设定不能阻碍科学技术的进步和扰乱稳定的社会秩序，社会个体已在潜移默化中接受了社会行为规则的存在和增加，但希望履行规则义务明确以实现行为合法与否的预判性。因此，注意义务的设定必须合理，有利于加强行为人的责任心，迫使其增强对他人负责、对社会负责的精神。基于公正与平衡的立场，不同的自动驾驶场景对于驾驶者的注意义务要求必然有所不同，因此驾驶者对交通事故损害后果所面临的刑事

---

① 参见［日］冈部雅人：《自动汽车的事故和刑事责任：基于日本刑法学的视角》，储陈城译，载《苏州大学学报（法学版）》2021年第3期。
② 参见胡鹰：《过失犯罪研究》，中国政法大学出版社1995年版，第72页。

责任风险也不同。在自动驾驶模式下（有条件和高度）驾驶者的注意义务原则上并不涉及对交通规则的遵守，而是依托于自动驾驶系统的设定，驾驶者的注意义务履行与否主要看是否违反了车辆配置的操作规范。例如 2020 年 4 月，日本实施的新《道路交通法》一定程度上放开了对驾驶者的限制，规定驾驶者使用 L3 级别自动驾驶模式时，可以使用手机、观看车载电视，但必须保证能够随时接管车辆。目前我国还尚未出台此类规定，有学者提出在 L3 级别自动驾驶情形中，由于汽车能够独立地在设计运行条件下执行全部动态任务，汽车使用者只是"后援用户"，不再具有时刻监管汽车驾驶状况的注意义务，只需在汽车发出请求时及时接管并做出适当操作。① 这一观点事实上已超出了我国制定的标准，时刻监管汽车状态是必要的，在此级别下只是将驾驶者的"眼睛"解放出来，不需要时刻紧盯车前状态，但绝不是所谓的"后援用户"，因为有条件自动驾驶的"有条件"是否符合，取决于驾驶者的判断，而非汽车的自主判断。说到底，无论何种模式，驾驶者正确使用、不超越范围使用自动驾驶系统，是其在驾驶过程中履行的首要注意义务。因此，驾驶者在获取车辆后，需要熟悉自动驾驶系统，以及熟练掌握如何实现人机互换模式。毕竟除完全驾驶自动化情形外，自动驾驶汽车只能在一定的设计运行条件下执行部分或全部动态驾驶任务，驾驶者必须确保他对自动驾驶系统的使用符合设计运行条件，一旦超越设计运行条件强行使用自动驾驶系统，同样可能构成交通肇事罪。笔者认为这里的有条件自动驾驶应排除以下情形：第一，特定区域，应排除隧道、城市弄堂、乡村街道等区域；第二，天气状

---

① 袁国何：《论自动驾驶情形中的刑事责任》，载《苏州大学学报（法学版）》2022 年第 4 期。

况，需要排除雨雪、大风、大雾等天气；第三，时间要求，应排除夜晚自动驾驶；第四，驾驶者应排除喝酒、戴耳塞听音乐、睡觉等不规范行为。在上述环境下开启的有条件自动驾驶模式，虽然不要求驾驶者时刻关注车外状况，但必要的警觉还需保持，除了注意区域、天气和时间上的变化外，还具有以下注意义务：一是驾驶者有日常检查和系统付费更新义务；二是对自动驾驶功能进行正确操作与使用的义务；三是对自动驾驶汽车的接管义务。驾驶者若因沉睡、醉酒、吸毒、听音乐等未能有效接收接管请求，则属违反注意义务，一旦出现严重交通事故将可能构成交通肇事罪、危险驾驶罪。在高度自动驾驶模式下，驾驶者的注意义务将进一步降低，人与车之间的物理分隔更为疏远，大脑处于脱"机"状态，但并不意味着驾驶者不负有任何注意义务，驾驶者仍需在一定程度和范围上负有监测周围环境较低限度的注意义务，例如天气突发变化、高速路发生严重交通事故等对自动驾驶模式进行必要调整，以及驾驶者不能离开驾驶座位、及时维护系统和更新系统等义务。对于交通肇事罪的第二类主体即观察员，在岗位上有责任和义务随时观察和应对突发状况，并做好随时接管车辆或者修复崩溃系统的准备，此时若擅离职守或未按流程应对也是违反注意义务的表现，可能因此承担交通肇事罪。对观察员的注意义务应当根据行业一般的观念要求，立足于维护社会关系的必要性和相当性予以合理的判断。从表象上看，观察员和交通肇事之间还存在驾驶者注意义务，但自动驾驶模式下驾驶者已至少有条件地实现人与方向盘的相对物理间隔，换言之，观察员的责任判断并不必然排在驾驶者之后，二者并无先后的逻辑关系，这一切归因于自动驾驶促进了人车合一，即使在远端，观察员仍然可以有效操控自动驾驶车辆，这是由发达的通信技术实现的零距离接触。换句话说，观察员在某种条件下等同于驾驶者，甚至对操控技术的熟练程度可能远超于驾驶者。至于系统设计存在缺陷或系统未及时更新而导致的交通肇事，则应是一种重大责任事故。即使是当前在特定区域进行的智能网联汽车试点运行工作，观察员也具有一定的注意义务。2023 年 11 月四部门联合印发的《智能网联汽车准入和上路通行试点实施指南（试行）》规定了平台安全监控人员的注意义务，即应当接受培训并通过考核，掌握使用主体的安全保障机制及风险与突发事件管理制度，熟练操作运行平台；熟练掌握道路交通安全法律法规；掌握车辆运行时的交通环境；监测过程中发现有规定情形的，及时发出预警、提示接管并采取相应处置措施。

根据客观归责理论，如果能够判定符合过失犯罪法律规定的结果是由行为人的行为制造了法所不容许的危险所导致的，结果即可归责于行为人，即意味着行为人违反了注意义务，这样行为是否制造了法不容许的危险就成为判断注意义务存在与否的标准。[1] 行为刑事可罚性的根据就在于行为人没有在意识上保持谨慎、集中和紧张，以至于意志上出现疏忽与轻率，注意对象不准确，注意范围不够全面，没有对自己的行为以及行为客体尽到充分的注意义务，因而创设了"在法律上有重要意义的危险"。[2] 驾驶者注意义务的核心就是按照汽车生产商所制定的操作指南进行驾驶，至于操作不熟练、没有关注系统预警、人机交互操作不当等辩解只能降低主观恶

---

[1] 同理，在判断自动驾驶汽车生产者是否履行了安全编程安全测试义务时，必须以编程时的科学技术水平和风险认知水平为基准，而不能事后苛责汽车生产者。在自动驾驶汽车被投入流通时，若科学技术水平尚不能发现缺陷，则生产者不承担产品责任。在事先不能完全排除自动驾驶系统算法的偶然性结论的情况下，不能要求算法编程人员或系统开发人员具有注意义务。
[2] 参见王燕莉、唐稷尧：《过失犯罪注意义务的特点及确定机制研究》，载《河南政法干部管理学院学报》2010 年第 5 期。

性，但原则上无法阻却刑事责任的承担。如果驾驶者虽负有注意义务，但不具备主观上的注意能力，缺乏刑法上对驾驶者谴责的可能性。注意能力是"行为人所具有的认识自己的行为可能发生危害后果的能力，认识自己究竟应采取怎样的措施才能有效地防止危害结果发生的能力和基于上述认识而采取措施，以避免危害结果发生的能力"。[1]另外，虽然车辆发出了接管请求，但驾驶者并无其他疏忽表现，只是自动驾驶汽车发出接管请求过晚，以至于驾驶者来不及接管或在接管后来不及作出有效反应，此时也不能认定驾驶者有注意能力。对驾驶者和观察员的注意能力要求和侧重点存在不同，这里需要运用信赖原则判断注意能力的有无或大小，当驾驶者按照配置车辆规范履行注意义务时，因为驾驶者此时对自动驾驶已处于完全信任状态，即可以信赖自动驾驶车辆安全运行或行人遵守交通规则，注意义务以外的情形引发的交通肇事则不能归责于驾驶者，因为驾驶者缺乏注意义务和注意能力，这是对信赖原则的合理运用。信赖原则是指对在现代社会各种危险活动中的行为人注意义务进行重新分配以实现动态平衡[2]，我们可以信赖自动驾驶汽车在出厂之前已经过反复测试并达到国家出厂安全标准，才获取上路资质。车辆在道路上行驶时，驾驶者当然可以期待自动驾驶系统可以良好处理各种路况。这里还涉及注意能力的判断问题，对于驾驶者而言，他不具备技术人员的技术储备，对他的注意义务和注意能力的要求应以一般人的注意能力为标准，这里的一般人不是社会大众，而是普

---

① 高铭暄、赵秉志：《过失犯罪的基础理论》，法律出版社 2002 年版，第 41 页。

② 应当基于社会相当性的观念将注意义务在驾驶者、研发者和生产者之间作出合理分配，适当将安全驾驶的义务和责任向自动驾驶汽车研发者、生产者等企业主体倾斜，从源头上保障自动驾驶汽车的安全性能及行车安全，适当缩小驾驶者的注意义务范围。

通的驾驶者，并辅以驾驶资格和操作规范，法律不能强人所难，不能提出驾驶者难以做到的义务和能力要求，正如日本学者西原春夫所言："注意义务的成立和违反注意义务的认定，必须以注意能力为中介，结合在一起来考虑。"[①] 在判断观察员的注意能力时，鉴于自动驾驶是一个新型产业，且技术发展变化较快，不能对观察员的注意义务设定过高，只能采取主客观结合说，以行业领域内同类人员的注意义务为下限，以行为人具体的技术能力为上限，这是相对公正的选择。"在衡量个人能力时，起决定作用的并非社会交往范围内谨慎的和认真的社会成员的能力，而是行为人自己在智力、经验及知识方面所具有的水平。"[②] 法官在判断时，不能对行为人附加过多的注意义务，否则，虽然会增加一定的社会安全性，但也会迟滞社会进步，尤其在当前国际政治经济形势复杂的情况下，自动驾驶领域是我国的优势产业，要给予适当的风险容忍。因此必须结合案件的具体情况、当时驾驶条件、行为人对损害的发生是否具有预见可能性以及行为与结果的关联程度等，立足于维护和谐、协调的社会关系的必要性和担当性，作出符合情理的判断，以期符合公平正义的要求。[③]

另外，《道路交通安全法》第70条规定，"在道路上发生交通事故，车辆驾驶人应当立即停车，保护现场；造成人身伤亡的，车辆驾驶人应当立即抢救受伤人员，并迅速报告执勤的交通警察或者公安机关交通管理部门。因抢救受伤人员变动现场的，应当标明位

[①] ［日］西原春夫：《日本刑事法的形成与特色》，李海东等译，法律出版社1997年版，第269页。

[②] ［德］汉斯·海因里希·耶赛克、托马斯·魏根特：《德国刑法教科书（总论）》，徐久生译，中国法制出版社2001年版，第713—714页。

[③] 王泽鉴主编：《英美法导论》，北京大学出版社2012年版，第166—167页。

置"。因此，无论何种级别的自动驾驶，一旦出现交通事故，造成被害人受伤，驾驶者都具有事后救助被害人的义务，一旦逃逸，可能会触犯交通肇事罪、过失致人死亡罪或故意杀人罪。

第四节 余论：刑事归责需持慎重立场

目前，自动驾驶的刑事归责主要集中于理论上的探讨，离真正落地还有较长一段距离，在我国驾驶者因自动驾驶被追究交通肇事罪的刑事案例还未出现。L2 级别自动驾驶汽车在欧美仅是个例，更不用说有条件自动驾驶和高度自动驾驶汽车，都还处于试验阶段。[1] 尤其在国家安全标准和行业安全标准尚未出台的情况下，贸然去惩罚自动驾驶的关联主体，将有可能阻断自动驾驶技术的持续进步，所以刑事司法的态度必须慎之又慎。生产厂商的民事赔偿责任也尚有诉讼上的争议，即使适用严格责任，生产商举证证明存在的不可抗力、受害方过错、受害人自愿承担风险、第三人过错等抗辩理由，法院如何认定也是一个技术难题。刑事责任涉及对驾驶者、设计者、生产者、销售者的刑事责任确定和划定[2]，而在自动驾驶标准尚未细化和规范的前提下，因缺乏参照物很难判断行为人的罪过有

---

① 根据北京智能车联产业创新中心发布的《2020 年北京自动驾驶车辆道路测试报告》显示，封闭场地测试综合能力评估中，交通法律法规遵守不健全的占比高达 29%，其中包含未正确使用转向灯、不按规定连续变道、未按照车道指示方向行驶、未遵守停车让行标志等。而在我国极其复杂多样的城市、农村交通环境中，自动驾驶系统必定会面临更加严峻的考验。

② 当自动驾驶系统和车辆制造分属于两家公司时，因自动驾驶系统与车辆的融合和匹配是一个复杂的技术问题，一旦出现交通肇事，是否能够完全归因于自动驾驶系统的不足值得探讨，反之，车辆制造商若需承担一定责任，将会导致责任区分的复杂。

无和大小，一旦强行认定，不仅难以达到确实、充分的证据标准，更会导致行为人的无所适从。目前民事责任更多是倾向于保险责任的赔付，相较于其他人工智能应用，自动驾驶汽车特别需要责任保险机制来分散风险，并作为产业背书向公众传递安全信号。况且，在技术开发过程中本身就存在很多的不确定性和风险容许性，自动驾驶是多代人的梦想，实践证明科学的进步只会使风险进一步控制和降低。因此，对其保持一种宽容立场是科学的态度和价值的选择，即在认定驾驶者的刑事责任时应当在风险分配的理念和价值权衡的基础上，通过结果避免义务的不同设定来限缩行为人的过失刑事责任承担。不过，对数据记录实时强制上传的技术标准必须提高到一个严苛的地步，这是今后对交通肇事事故原因分析、厘清因果关系、责任归属的主要依据。①但有一条底线必须始终坚守，即意志自由必须且只能归属于人类个体，且刑事责任归因和刑罚承担也只能是人类自身。如果把车辆拟定为承担责任的主体，事实上否定了人类的自由意志和自主意识。无论何种级别的自动驾驶汽车，都只是人类技术理性的延伸，其行动自由受到人类程序设定的控制，不具备也不应具备，更不能被赋予自主意识和权利主体的地位。

自动驾驶正在现实性地改变我们的生活方式，人类个体陷入便利中不能自拔。传统知名的汽车公司、手机制造公司、互联网公司等纷纷转向新能源汽车的研发，抛开表象，它们制造的不是汽车，而是以自动驾驶技术为支撑的对民众生活方式的引领和改变，背后

---

① 2024年实施的《江苏省道路交通安全条例》第60条规定："有条件自动驾驶汽车、高度自动驾驶汽车和完全自动驾驶汽车开展道路测试或者上道路行驶时，应当记录和存储汽车发生事故或者故障前至少九十秒的位置、运行状态、驾驶模式、车内外监控视频等行驶数据，并保持数据的连续性和完整性，数据存储期不得少于三十日。发生道路交通事故的，汽车生产企业、自动驾驶系统开发单位、设备提供方等相关主体应当配合公安机关交通管理部门调查处理。"

是对今后产业发展的预判和提前布局，美国埃隆·马斯克甚至坚信特斯拉 FSD 的安全性已超越人类驾驶员，并接近"无需监督或干预"的理想状态。同时随之改变的刑事责任认定也由传统汽车时代的"驾驶人中心"模式逐步调整为"车辆和企业中心"模式。面对百年未有之大变局，我们需要守正创新、各司其职，研发人员作好自动驾驶技术更新和完善，法律人设定好责任区分和归属规则，工业和信息化部门设定好安全技术标准，唯有此，才能在未来实现"人车合一"的自动驾驶中国时代。

第五章

新商业模式下的自动驾驶法律责任分配路径

商业模式与法律规则之间存在"冲击—回应"的互动关系。一种新兴的商业模式很可能改变原有市场格局下的法律关系，继而要求法律制度对此作出回应。对网约车的法律规制历程便是例证：因互联网技术而兴起的网约车经济催生了新的法律关系，要求法律承认其商业模式的合法性，并改变基于原有商业模式的风险分配方式。而以强制权力为特征的法律规则如何回应此种需求，将决定市场创新的趋势。循此思路，我们将基于当前自动驾驶汽车商业化落地可能方向，分析自动驾驶汽车商业模式将如何影响责任分配。

第一节　新型商业模式冲击原有责任分配方式

根据本书第三章的分析，自动驾驶汽车商业模式有多重可能。从生产端来看，生产者、运营商、开发者排列组合可以产生四种商业模式，加上开源平台，一共存在五种商业模式。从消费端来看，在共享出行模式之下，可能存在企业拥有、个人拥有和混合业务三种车辆拥有场景，由此衍生出六种可能的商业模式。未来自动驾驶汽车落地路径最清晰的商业模式是自动驾驶汽车出行服务模式，但是目前部分学者提出的责任分配构想大多基于当前汽车的商业模式，这不能完全适应新商业模式下的自动驾驶汽车侵权责任归属问题。普通汽车的所有者可能是个人，也可能是企业。而对于高级别自动驾驶汽车，当前共识是不面向个人消费者出售，而是提供给企业用于商业消费。在此情况下，基于个人所有的责任分配构想可能出现偏颇。以交通事故导致的侵权责任为例，在自动驾驶出租车发生交通安全事故导致第三人受损时，受害者要求该车辆的运营商而非生产者承担赔偿责任显然更符合常识。

在可预期的未来，自动驾驶汽车极可能是以非个人购买的形式出现在社会日常生活中。这一判断主要基于以下理由：其一，现阶段自动驾驶商业模式的必然要求。当前，世界范围内自动驾驶汽车基本应用于出行服务与货物运输等限定商业场景。[1] 而在这两种应用场景中，自动驾驶出租车、无人巴士、无人驾驶重卡等自动驾驶汽车，均是由企业运营并向个人消费者或其他企业提供相应服务，不存在面向个人消费者出售自动驾驶汽车的商业探索。其二，国家政策导向。在国家层面，我国《智能创新发展战略》指出，我国将在 2025 年实现高度自动驾驶智能汽车在特定环境下的市场应用。在地方层面，以上海为例，《上海市加快智能网联汽车创新发展实施方案》提出的也是自动驾驶汽车将"在限定区域和特定场景实现商业化应用"。个人私有使用高级别自动驾驶汽车的可能性极低。

当然，理论上无法排除个人购买自动驾驶汽车的可能，但作为一种基于现实的假设，本书仅讨论非个人购买场景下的自动驾驶责任问题。在此假设下，我们将以最具商业应用前景的自动驾驶出租

---

[1] 参见中国信息通信研究院和人工智能与经济社会研究中心：《全球自动驾驶战略与政策观察》。

车为例，探讨这一商业模式下可能存在自动驾驶侵权问题。

第二节　以运营商为中心的责任链条

一、运营商的中心地位之缘由

在未来的自动驾驶出租车商业模式中，运营商一方面直接服务车辆使用人（乘客），另一方面与车辆生产者、系统开发者存在商业合作。在自动驾驶出行服务法律关系中，乘客事实上与运营商签订客运合同，运营商基于契约关系具有严格履行安全运输义务、及时告知乘客注意事项、确保乘客人身与财产安全的相应义务，因此尽管在自动驾驶出租车的商业模式中事实上存在不同主体，但运营商与乘客具有最为直接与紧密的法律关系，即使运营商并不是客运合同的直接当事人，其作为保有人依然可以作为责任承担主体①，因此在自动驾驶交通事故发生时，将运营商置于中心地位，对于理顺侵权法律关系、提高受害人损害赔偿请求权的实现效率具有积极意义。由此观之，运营商作为出行服务提供者，其价值在于将自动驾驶汽车生产端与消费端串联起来。

尽管可能存在运营商、生产者与开发者角色重叠以至法律关系错综复杂的情况，但运营商这一角色始终是我们理解自动驾驶侵权责任分配的关键。由本书第三章可知，从生产端看，生产者、运营商、开发者这三种角色排列组合可以产生四种商业模式。但从消费端来理解，由于个人暂时无法拥有高级别自动驾驶汽车，所以只

---

① 下文将详细阐述运营商的保有人责任。

能通过运营商提供的出行服务来使用自动驾驶汽车，即对于个人而言，运营商是否也为生产者、开发者这一点并不重要，重要的是其作为当前唯一提供自动驾驶出行服务的主体，使得原本并不存在于社会上的自动驾驶风险产生。在这一意义上，明确运营商是否承担责任以及可能会承担何种责任，是新商业模式背景下自动驾驶侵权责任分配的关键。

二、自动驾驶侵权责任链条的展开

对于自动驾驶出租车而言，实务中存在的自动驾驶交通事故侵权损害包括自动驾驶汽车造成乘车人损害（车内乘客受损）及造成第三人（车外第三人受损）损害。循此思路，下文将分别讨论在这两种情况下，运营商、车辆生产者、系统开发者等相关主体可能承担何种法律责任。

（一）车内乘客受损

当自动驾驶汽车发生交通事故导致车内乘客受到损害时，应当由作为承运人的运营商承担相应赔偿责任。根据我国判断侵权责任的原则，不作为侵权的作为义务来源包括特定关系、特殊职业、先前行为、安全保障义务以及诚信原则。[①] 作为自动驾驶汽车的实际控制者，运营商对车内乘客负有安全保障义务。首先，自动驾驶汽车运营商实际控制该车辆，乘客无法介入驾驶过程，此时自动驾驶汽车出错，可能是由于运营商未尽到管理职责。其次，要求运营商承担安全保障义务，有利于促使其采取措施以保障乘客安全。最

---

① 参见程啸：《侵权责任法（第三版）》，法律出版社2021年版，第219—222页。

后，乘客与运营商缔结客运合同，运营商本质上是承运人，应当对运输过程中的旅客伤亡承担无过错责任。

（二）车外第三人受损

相较于车内乘客受损的情形，车外第三人受损的责任归属问题相对复杂。当自动驾驶汽车发生交通事故导致车外第三人受损时，应当由运营商承担相应赔偿责任，之后再结合案件具体责任情形向生产者与系统开发者追偿。此种责任分配构造更有利于受害者维权以及自动驾驶产业发展。

1. 运营商的保有人责任

由运营商向受害者承担基于保有人的无过错责任符合法理。在发生自动驾驶事故后，可能的责任主体为运营商、生产者与系统开发者，而运营商比后两者更适合承担赔偿责任。虽然现行立法中不存在明确的"保有人"的概念，但目前最高法的司法解释与批复中确立了机动车保有人的二元判断标准，这实际上是在法律渊源层面认可了保有人责任的可行性。[①] 根据我国现行《民法典》的规定，机动车交通事故中机动车一方致非机动车或者行人的损害适用无过错责任，且在不同情形下机动车的保有人与机动车实际驾驶人（使用人）均有可能承担责任，例如依据《民法典》第 1211 条："以挂靠形式从事道路运输经营活动的机动车，发生交通事故造成损害，属于该机动车一方责任的，由挂靠人和被挂靠人承担连带责任。"其中被挂靠人即为机动车的保有人。此外，我国《民法典》第 1209条使用的"机动车所有人、管理人"与保有人概念十分接近，部分

---

① 参见于宪会：《论自动驾驶汽车保有人的无过错责任》，载《西南政法大学学报》2023 年第 1 期。

地方立法中的"所有人、管理人"几乎与保有人没有实质性差异，例如《杭州市智能网联车辆测试与应用促进条例》第27条。① 当然，鉴于我国《民法典》《道路交通安全法》并未明确采用保有人无过错责任，此处对自动驾驶汽车保有人责任的分析更多是作为一种理论可能性。可以确定的是，就法理而言，运营商无论作为自动驾驶汽车保有人，还是作为我国《道路交通安全法》上的所有人、管理人，要求其对车外第三人承担无过错责任均具有正当性。

其一，对运营商而言，要求其对第三人承担无过错责任并不严苛。危险责任这一概念源自19世纪末的德国。当时，传统侵权法中的过错责任已无法应对大工业生产所带来的社会风险，例如消费者因产品瑕疵导致人身损害时难以证明生产者对此存在过错，所以危险责任理论应运而生。危险责任不以过错和违法性为要件，其基本原理是法律许可的特定风险来源服务于保有人，因此保有人应承担由此所产生的损害。② 严格地说，危险责任与无过错责任并不等同，它是无过错责任的一种。

机动车辆本身在道路上被认为更具有危险性。在危险责任理论中，所谓"危险性"的判断主要依据发生损害的盖然性、损害程度以及风险可控性。③ 一般机动车具备高度致害可能，即便损害程度可能较低，也可以成立危险责任。自动驾驶系统出错概率远远小于人

---

① 《杭州市智能网联车辆测试与应用促进条例》第27条："智能网联车辆发生道路交通安全违法情形，配备驾驶人或者安全员的，公安机关交通管理部门可以依法对驾驶人或者安全员进行处理；不配备驾驶人、安全员的，公安机关交通管理部门可以依法对车辆所有人或者管理人进行处理。"

② 参见［奥地利］海尔姆特·库奇奥：《侵权责任法的基本问题（第一卷）：德语国家的视角》，朱岩译，北京大学出版社2017年版，第234页。

③ 参见［奥地利］海尔姆特·库奇奥：《侵权责任法的基本问题（第一卷）：德语国家的视角》，朱岩译，北京大学出版社2017年版，第238页。

类驾驶员的出错概率，但其存在复杂环境下感知不足、决策系统性能局限、执行偏差等问题，即便在无软硬件故障情况下，也可能无法实现预期功能。此外，还存在黑客入侵驾驶系统导致驾驶事故等网络安全风险，风险可控性相对不强。因此，自动驾驶汽车也是具有危险性的。

自动驾驶汽车的运营商应当对第三人承担危险责任。在无过错责任领域，决定责任分配的不是伦理评价，而是风险所处领域。划定风险领域的考量因素包括利益获取、对风险的控制、合理信赖、受害者自我保护的可能性以及根据正义原则演化出来的其他因素。[①]在自动驾驶出租车的商业模式下，运营商是该车辆的所有人或租赁人，其向乘客收取车费，获取商业利益。同时，相较于传统出租车行业，事故发生率的降低影响交强险保费的缴纳基数，运营商也因此受益。[②]运营商还需要负责自动驾驶汽车的日常维护和保养，并需要对自动驾驶系统进行及时更新和升级。另外，处于运营商管理之下的云端安全员也随时准备应急救援可能出现的系统故障，当前立法也往往要求运营商为自动驾驶汽车购买保险[③]，因此其具备分散自动驾驶风险的能力。基于上述考虑，自动驾驶风险在运营商的领域内，运营商应承担作为自动驾驶汽车保有人的危险责任。当然，危险责任也具有免责事由以及减轻责任事由。德国《道路交通法》

[①] 参见叶金强：《风险领域理论与侵权法二元归责体系》，载《法学研究》2009年第2期。

[②] 参见于宪会：《论自动驾驶汽车保有人的无过错责任》，载《西南政法大学学报》2023年第1期。

[③] 例如，《智能网联汽车道路测试与示范应用管理规范（试行）》第10条规定，道路测试主体应提供每车不低于五百万元人民币的交通事故责任保险凭证或不少于五百万元人民币的自动驾驶道路测试事故赔偿保函。《深圳经济特区智能网联汽车管理条例》第10条第2款规定，开展道路测试、示范应用或者上道路行驶的智能网联汽车，应当按照有关规定投保商业保险。

第 7 条第 2、3 款将不可抗力与无权驾驶作为保有人责任的免责事由，第 9 条规定受害人过错造成损害的，适用德国《民法典》第 254 条与有过失之规定。对此，德国主流学说认为，若事故损害是因为行人严重违反交规造成的，那么保有人的赔偿责任可以不断缩减甚至为零。①

其二，对于受害者而言，要求运营商承担无过错责任有利于维权。考虑到在自动驾驶出租车情形下，乘客享受的是运营商、车辆生产者、系统开发者三者提供的复合商业服务，而在交通事故中，受害人无论面对运营商、车辆生产者还是系统开发者均处于弱势地位，并且在不同商业模式下车辆运营商（出行服务提供商）、车辆生产者、系统开发者可能为同一或分离主体或存在股权控制、系统开源分享等复杂情况，此类情形下可能存在责任主体不明的情况，受害人面对背后复杂情形也难以分清责任对象，因此在立法层面上，将运营商这一与乘客或受害第三人事实和合同关系上最近的主体置于承担责任的优先位置更为妥当，因此从立法设计的角度来看，在现行立法中存在的受害者向三者请求承担责任的两种侵权责任之上，针对自动驾驶汽车交通事故将运营商置于承担责任的优先地位并规定运营商与车辆生产者、系统开发者二者的不真正连带责任。法律似乎没有必要杜绝受害者请求生产者承担赔偿责任的路径，以现行道路交通事故处理原则为例，机动车交通事故责任与产品责任一直并行存在，为受害者提供不同的救济途径。

其三，确立保有人的无过错责任可以与现行交强险制度的适用形成有效衔接。《民法典》第 1213 条规定，机动车发生交通事故造成损害，属于该机动车一方责任的，先由承保机动车强制保险的保险人在强制保险责任限额范围内予以赔偿。而交强险保费的缴纳主

---

① 参见《帕兰特德国民法典评注（第 64 版）》，德国贝克出版社 2005 年版，第 309 页。

体是机动车的所有人或管理人,即驾驶人有过错时,所有人或管理人事实上也需要承担赔偿责任。[①] 因此,虽然我国《民法典》侵权责任编将机动车交通事故责任的主体主要确定为机动车的驾驶人,但机动车的强制保险机制已经开始将责任主体向机动车所有人或管理人扩展。一旦将交强险的责任限额提高到可以覆盖事故损失的程度,机动车主基于机动车这一风险物的无过错责任就在事实上确立了。[②] 而在自动驾驶出租车商业模式下,交强险的缴纳人为运营商,其在交强险层面基于现有制度已经体现了一定的无责赔偿属性,因此确立保有人无过错责任不是一个从无到有的过程,而是基于运营商现所承担、经过检验的无过错责任基础上的进一步扩大,体现了技术发展与制度发展上的有效衔接。

2. 生产者与系统开发者的产品责任

在因自动驾驶汽车产品缺陷导致的道路交通事故中,生产者与开发者应当承担相应产品责任。这一点在《关于审理道路交通事故损害赔偿案件适用法律若干问题的解释》第9条中有所体现。该条规定"机动车存在产品缺陷导致交通事故造成损害,当事人请求生产者或者销售者依照民法典第七编第四章的规定承担赔偿责任的,人民法院应予支持"。这一规定背后的逻辑并不难以理解,因产品缺陷导致的损害,根据《产品质量法》第41条,受害者有权向生产者要求赔偿。就自动驾驶汽车而言,现行法律不承认也没有赋予其法律主体地位,将之视为产品没有法律上的障碍,因此其生产者应当承担相应产品责任。而对于系统开发者而言,由于软件也是自动驾驶汽车的一部分,所以系统开发者理应承担产品责任。

---

① 参见于宪会:《论自动驾驶汽车保有人的无过错责任》,载《西南政法大学学报》
　2023 年第 1 期。
② 参见冯珏:《自动驾驶汽车致损的民事侵权责任》,载《中国法学》2018 年第 6 期。

如同危险责任，产品责任也具有相应的抗辩事由。根据我国《产品质量法》第 41 条第 2 款的规定，"生产者能够证明有下列情形之一的，不承担赔偿责任：（一）未将产品投入流通的；（二）产品投入流通时，引起损害的缺陷尚不存在的；（三）将产品投入流通时的科学技术水平尚不能发现缺陷的存在的"。对于自动驾驶汽车生产者与系统开发者，"未将产品投入流通的"抗辩事由当然也能成立。对于第二项抗辩事由，由于自动驾驶系统存在升级更新的可能，流通时间应当随之予以调整，不能仅以自动驾驶汽车出厂销售时间作为流通时间。而对于第三项抗辩事由，即发展风险抗辩，生产者与系统开发者能否适用，这是一个争议较大的问题。一方面，在自动驾驶技术尚未完全成熟的当下，如果生产者与开发者能够适用发展风险抗辩，可能导致在保险赔付仍不能满足受害者的损失时，受害者无从寻找救济的情况发生。另一方面，如果认为不能适用发展风险抗辩，则生产者与开发者仅有"未投入流通""投入流通时缺陷不存在"等两种抗辩事由，未免对其过于严苛，不利于鼓励其科技创新。因此，发展风险抗辩的运用问题也被认为是处于安全与创新之间的两难问题。

笔者认为，在设置合理的自动驾驶保险制度之后，生产者与系统开发者可以适用发展风险抗辩。所谓两难问题，本质上是受害者的损失能否得到合理补偿的问题，而这一问题可以通过自动驾驶保险来解决。当自动驾驶汽车的责任保险已经足以覆盖受害者的大部分损失时，剩余部分损失可以通过产品责任来弥补。而这一较少的损失部分，就其所占总体损失的比例而言，尚未上升至影响受害者得到救济的程度。在此时，从利益衡量的角度出发，与鼓励企业技术创新相比较的并非受害者的人身安全或救济，而是少部分损失（可能仅是少部分人的损失），生产者或系统开发者适用发展风险抗辩并无不当。或有反对意见认为，基于公平正义原则，法律应当确保受害者得到充足赔偿。但法律的价值并非只有公平正义，效率亦在法律的考量之中。况且，要求生产者与系统开发者承担流通之时以世界最高科技水平仍不能发现的风险，未免过于苛责，也不一定就是公允的做法。

值得一提的是，生产者与系统开发者之间的责任关系如何？笔者认为当发生自动驾驶侵权事故时，生产者与开发者之间应成立无意思联络的共同侵权，承担连带责任。无意思联络的共同侵权行为，我国台湾地区也将之称为客观行为关联共同加害行为，指"数人因过失不法侵害他人之权利，苟各行为人之过失行为均为其所生损害之共同原因，即所谓行为关联共同，亦足成立共同侵权行为"。在我国台湾地区有关规定上，根据"司法院"例变字第 1 号扩大解释，共同侵权中的数人或其中一人应负无过错责任时，也能成立该侵权行为。[①] 例如汽车零件生产商甲向整车制造商乙提供汽车零件，因甲制造的零件存在问题，导致乙生产的汽车存在缺陷，发生交通事故造成他人损害时，甲、乙对受害者负有连带赔偿责任。

德国《产品责任法》明确规定成品制造者与零部件制造者之间的关系。德国《产品责任法》第 4 条规定，"生产者"指成品制造者，任何原材料的生产者和零部件的制造者。生产者还指将其名字、商标或其他识别特征标示在产品上表明自己是生产者的任何人。德国《产品责任法》第 5 条规定，对同一损害负有责任的两个或两个以上生产者，应当承担连带责任。在责任者之间的关系方面，除另有规定，责任和赔偿范围应当取决于有关具体情况，特别取决于损害在多大程度上是由某一方当事人或另一方当事人决定性

---

① 参见王泽鉴：《侵权行为》，北京大学出版社 2009 年版，第 362 页。

地造成的；其他方面则应当适用德国《民法典》第421条至第425条和第426条第1款及第2款的规定。其中，德国《民法典》第421条至第425条是关于连带债务的规定，包括连带债务的定义、清偿、免除、债权人迟延以及连带债务其他事项效力等规定。德国《民法典》第426条第1款与第2款是关于连带债务中偿还义务以及债权转移的规定。

我国《产品质量法》虽无相同规定，但可以从《民法典》第1171条得出类似结论。我国《民法典》第1171条规定，"二人以上分别实施侵权行为造成同一损害，每个人的侵权行为都足以造成全部损害的，行为人承担连带责任"。该法条的构成要件为：二人以上分别实施侵权行为、造成同一损害后果、每人之侵权行为足以造成全部损害。[①] 在自动驾驶汽车侵权案件中，系统开发者与生产者均有不作为侵权行为，且无论是系统设计缺陷还是未尽到安全保障义务，均可导致致害事件发生。因此，当自动驾驶致害事件发生时，生产者与系统研发者之间存在连带责任关系，受害者可以择一请求承担赔偿责任。

3. 保有人责任与产品责任构成的责任链条

一个关键问题是，运营商的保有人责任与生产者、系统开发者的产品责任之间的关系是什么，是否存在适用上的优先顺序？这一问题成立的前提是自动驾驶汽车侵权事件系因自动驾驶系统缺陷而产生，否则没有系统开发者责任成立的余地。从法律原理来看，保有人责任与产品责任之间不存在适用上的优先顺序，由受害者自行决定向谁索赔。但就保护受害者的角度而言，举证自动驾驶汽车产

---

① 参见黄薇主编：《中华人民共和国民法典侵权责任编解读》，中国法制出版社2020年版，第230—232页。

品缺陷并非易事，宜将保有人责任置于第一责任地位，使其优先承担相应责任；之后，根据债权让与的原理，已对受害者先行赔付的运营商获得受害者对生产者、系统开发者的债权，可以向生产者、系统开发者追偿。

债权让与的基本原理是保持债的同一性不变，而债权的主体发生变更。债权的转让方式有两种：法律行为与法定转移。基于法律行为的债权让与由我国《民法典》第 545 条规定，"债权人可以将债权的全部或者部分转让给第三人，但是有下列情形之一的除外：（一）根据债权性质不得转让；（二）按照当事人约定不得转让；（三）依照法律规定不得转让。当事人约定非金钱债权不得转让的，不得对抗善意第三人。当事人约定金钱债权不得转让的，不得对抗第三人"。而基于法律规定的债权让与，则见于继承、买卖不破租赁、法人合并分立、财产保险合同保险人的代位求偿权等规定。

在自动驾驶侵权事故中，受害者拥有请求生产者、开发者的人身损害赔偿之债权，该债权是否可以依据《民法典》第 545 条转移至运营商似有疑问，问题之一是人身损害赔偿之债权，依照一些学者的观点，这类人身或类人身的债权，属于《民法典》第 545 条第 1 款第 1 项规定的"根据债权性质不得转让"的债权。[1] 不过，按人大法工委的理解，根据债权性质不得转让的权利主要包括以下三类：其一，当事人基于信任关系订立的合同所产生的债权。其二，债权人变动必然导致债权内容发生实质性变更的债权。其三，债权人变动会危害债务人基于基础关系所享有的利益，实质性地增加了债务人的负担或风险，或实质性地损害了债务人利益的债权。[2] 显

---

① 参见李永军主编：《民法学教程》，中国政法大学出版社 2021 年版，第 441 页。

② 参见黄薇主编：《中华人民共和国民法典合同编解读（上册）》，中国法制出版社 2020 年版，第 285—286 页。

然，依照这种理解，由于人身损害赔偿之债权本质上是金钱债权，并不属于上述三种情况之一，因此可以转让。

笔者认为，此种因人身损害而生的债权可以转让。作为自然人的身体权和人格权当然不可转让，但因对其损害而生的债权，即受害者得请求加害人予以赔偿的权利，一般属于金钱债权，只要受害者从第三人处得到了应有的补偿，没有道理限制第三人向加害人追偿。毕竟，本质上受害者所需要的是获得与其人身损害程度相当的金钱补偿，至于这笔补偿是否为加害人所支付并不重要。除却人身损害赔偿债权不必然具有依附性之外，认定该债权的可转让性也有利于受害者以合理价格得到赔偿，增加侵权人的行为成本。基于上述理由，运营商在向受害者先行赔付之后，可以视为受害者已经将其人身损害赔偿之债权转让给运营商。因此，运营商可以向生产者或开发者追偿。

运营商向生产者追偿的逻辑在地方立法中也有所体现，不过地方立法的规定更接近于法定债权转移而非基于法律行为转移。根据《深圳经济特区智能网联汽车管理条例》第54条的规定，"智能网联汽车发生交通事故，因智能网联汽车存在缺陷造成损害的，车辆驾驶人或者所有人、管理人依照本条例第五十三条的规定赔偿后，可以依法向生产者、销售者请求赔偿"。

上述责任分配构造也有利于促进产业发展。对已经持续投入多年的自动驾驶汽车产业而言，重要的不是哪一种归责理论更为科学或者更为精妙，而是哪一种归责理论更清晰可行并契合商业实践现状。在这一意义上，保有人责任有着无可比拟的优势。但不可否认的是，采用其他责任规则会改变甚至重构自动驾驶产业格局，一如网约车法规对该行业的影响。从经济学的角度来看，包括法律监管成本在内的交易成本将影响企业的组织方式，"法律既能促进创新，也能扼杀创新"。[①]

第三节　作为社会风险分散机制的保险与救济基金

自动驾驶汽车致害属于社会风险，保险作为一种社会风险分散机制以及救济机制，对自动驾驶汽车致害救济起到重要作用。理论上，自动驾驶汽车投保人可以通过投注保险，规避可能存在的风险，进而填补因自动驾驶致害而产生的损失。

但当前的机动车保险无法覆盖自动驾驶汽车致害风险，不能为受害者提供基本保障。《机动车交通事故责任强制保险条例》第23条规定了机动车交通事故责任强制保险的分项限额制度。该法仍然以被保险人的过错作为赔偿金额多寡的标准，无法适用至无过错可言的自动驾驶汽车。

一方面，自动驾驶汽车商业责任保险在现实中尚未完全成型。2017年，长安汽车推出国内首款无人驾驶保险"放心泊"，由平安保险承担该责任事故所产生的损失，这被称为"中国第一份面向消费者的自动驾驶保险"。2020年，上汽保险公司为5G智能重卡制定了一套保险方案，也被媒体称为"我国自动驾驶汽车商用车领域的首批保险产品"。实际上，由于缺乏相关制度支撑，针对自动驾驶汽车而设置的保险尚未成型。以上汽保险针对5G智能重卡推出的保险为例，该保险其实是车险、财产险和产品责任险的保险组合，而非单一保险。当然，在当前的商业测试阶段，根据《智能网

[①] Eric Biber, Sarah E. Light, J. B. Ruhl & James Salzman, Regulating Business Innovation as Policy Disruption: From the Model T to Airbnb, 70 Vanderbilt Law Review 1561, 1607（2017）.

联汽车道路测试与示范应用管理规范（试行）》以及各地的测试管理法规，测试主体应当为自动驾驶汽车投注不低于五百万元的保险。但这一做法是否能够延续至大规模商业化应用阶段，是值得怀疑的。《深圳经济特区智能网联汽车管理条例》第10条仅作出了"鼓励保险企业开发覆盖设计、制造、使用、经营、数据与算法服务以及其他智能网联汽车产品全链条风险的保险产品"的宏观指引性规定。

自动驾驶汽车责任保险仍可以从机动车交强险、第三者责任保险入手，构建自动驾驶汽车责任保险制度（保险相关内容详见第六章）。其一，就机动车交强险而言，首先可以添加自动驾驶汽车的保有人作为投保主体，构建二元投保格局。在发生交通事故后，先由保险公司进行赔偿，而后根据事故原因，寻找责任主体。在这一环节中，由于保有人应当承担对第三人的危险责任，"过错"这一掣肘机动车交强险的因素就消失了。当然，这一危险责任并不排除过失、受害人故意等减责免责事由，只是具体标准还需要进一步确定。其次，我国机动车交强险医疗费用赔偿限额仅为1万元，这远远不足以承担最为基本的医疗保障，因此，应提高机动车交强险赔偿限额。最后，为提高公众对自动驾驶汽车的信心，可以将车内乘客也纳入机动车交强险的赔付范围。其二，推动自动驾驶汽车第三人责任保险出台。该类第三人责任保险属于商业险，原则上应是自愿投保，但考虑到之后高级别自动驾驶汽车的保有人极有可能为企业，可以要求其必须投保第三人责任险，以便救济受害者。此外，在自动驾驶汽车商业保险推出的初期，由于缺乏事故发生率、事故烈度等数据，保险人很难计算出合适的保险费率。此时需要政府、保险监管机构等部门予以必要的支持，让保险人通过与运营商合作等方式获得研发保险产品必要的数据，既不能让保险人承担过高成本，也不能让受害者失去保障。

另一方面，救济基金也被认为是自动驾驶致害的可能救济手段。英国曾经提出，自动驾驶汽车所有者向政府缴纳一笔费用，该费用由政府专门管理，用于向自动驾驶汽车致害事件中的受害者提供补偿。从自动驾驶汽车当前的商业实践来看，与其让运营商向政府缴纳费用，不如由运营商集体出资，成立自动驾驶汽车救济基金。在具体结构上，可以借鉴船东互保协会制度，各个运营商集体出资，共同建立资金池，以会员形式加入该基金会。作为基金会会员，运营商是风险的承担者也是受益者。在自动驾驶汽车第三人责任险仍然不能补偿受害者的损失时，由该基金会进行赔付。

高级别自动驾驶汽车的大规模商业化应用离不开立法支持，而在当前的商业模式下，笔者认为，对于因自动驾驶汽车造成的侵权损害，可以构建以运营商为中心的责任链条，设计自动驾驶汽车商业保险。具体而言，可以作出如下立法设计：

自动驾驶汽车发生交通事故造成人身伤亡、财产损失的，由保险公司在自动驾驶汽车强制保险责任限额范围内予以赔偿；不足的部分，由车辆所有人、管理人①承担赔偿责任。

自动驾驶汽车发生交通事故，因车辆存在缺陷造成损害的，车辆所有人、管理人依照第一款的规定赔偿后，可以向生产者、销售者追偿。

---

① 由于我国道路交通法规中不存在"保有人"概念，此处以"所有人、管理人"指代。

———— 第六章 ————

自动驾驶汽车的责任保险

近年来，关于自动驾驶汽车交通事故的报道屡见不鲜。责任承担和风险分散已成为行业发展中不可回避的紧迫问题。面对由自动驾驶汽车引发的责任问题，目前解决路径主要包括主张交通事故责任和产品责任，但仍需配合责任保险机制以发挥最大保障效果，实现对当事人权益的高效保护。实际上，各国在解决自动驾驶汽车责任问题时普遍采用了责任保险方案。显然，责任保险对解决因自动驾驶汽车而产生的侵权问题具有重要意义。我国学者也普遍认为，责任保险对于自动驾驶汽车行业的发展至关重要。[①] 与此同时，自动驾驶汽车对现有机动车责任保险体系乃至整个汽车保险行业提出了全方位的挑战，急需构建一套适应自动驾驶技术特征的责任保险机制。因此，在研究域外典型国家针对自动驾驶技术所作的责任保险革新基础上，本章将尝试构建一套本土化的、适应性强的、符合自动化技术特点的规则体系。

[①] 参见许中缘：《智能汽车侵权责任立法——以工具性人格为中心》，载《法学》2019年第4期；张力、李倩：《高度自动驾驶汽车交通事故侵权责任构造分析》，载《浙江社会科学》2018年第8期；冯洁语：《人工智能技术与责任法的变迁——以自动驾驶技术为考察》，载《比较法研究》2018年第2期。

第一节　责任保险对于自动驾驶汽车产业的意义

保险的意义和作用是转移我们身边的风险，使我们在遇到事故需要承担巨额损失时，尽可能地减小损失。现实生活中很多人认为普通的交通事故并不会有多大损失，但是凡事都要考虑到万一，如果发生了严重事故导致被害人重伤甚至死亡，突然要求拿出几十万甚至几百万的赔偿金对于多数人来说都很困难。这时交强险的意义便能得以体现——保障受害人的合法权益以及减轻肇事方赔偿压力。而对自动驾驶汽车产业发展而言，配套责任保险体制的构建对整体产业发展也有着举足轻重的意义。对此，我们将责任保险对自动驾驶汽车产业的价值进行归纳。

一、为行业发展赋能

从历史角度出发，航空、核能、疫苗、汽车等新兴行业的发展都显示了责任保险配套的重要性。例如，疫苗行业的健康发展就离不开责任保险机制的创新。20世纪下半叶，美国曾经出现两次疫苗事故侵权的诉讼浪潮，一次是20世纪50年代的小儿麻痹疫苗（Polio Vaccine）事故，一次是20世纪70年代围绕DPT（Diphtheria Pertussis Tetanus）疫苗事故。[1] 迫于诉讼带来的巨大压力，许多全国性的疫苗制造商纷纷撤出疫苗市场，最后导致疫苗价格翻倍，疫苗行业萎靡不振，公众健康受损。随后，美国政府1986年通过《国家儿童疫苗损害赔偿法》，构建了一套适应疫苗行业特

———————

[1] 参见郑志峰：《自动驾驶汽车的交通事故侵权责任》，载《法学》2018年第4期。

点的责任保险机制，才有了后续疫苗行业的长足发展。^①再比如，传统汽车的崛起与普及也离不开责任保险的支持。在所有的工业化国家，交通事故都是一种严重危害社会安定和公众生命安全、身体健康的社会性灾难，是造成他人人身和财产损害的主要原因。^② 为此，各国都建立了较为完备的机动车责任保险制度，这才有了今日繁荣的汽车社会。

而以自动驾驶汽车为代表的人工智能行为，同样是高风险与高收益并存的行业，亟需责任保险制度的遮风挡雨。2017 年欧盟《机器人技术民事法律规则》指出，对日益自主智能的机器人进行法律责任分配是一个复杂难题，建立适用于智能机器人的强制保险制度成为可能解决之道。^③而对具有实体性与高度风险性的自动驾驶汽车产业而言，责任保险更加不可或缺。一方面，过去经验显示每年都有由机动车引发的严重交通事故，如果没有相应责任保险的支持，传统汽车行业也不可能如今天般繁荣发展。另一方面，近年来连续发生自动驾驶汽车事故使整个行业备受质疑，特别是 Uber 公司旗下自动驾驶汽车在公共道路上撞击行人致死事件更将整个自动驾驶汽车领域推向舆论旋涡中心。^④ 鉴于自动驾驶汽车具有高风险属性，并直接关系到人们生命和财产安全，更加需要责任保险提供

---

① See Caitlin Brock, Where We're Going, We Don't Need Drivers: The Legal Issues and Liability Implications of Autonomous Vehicle Technology, 83 Umkc Law Rev. 769, 2014, pp. 782–787.

② 参见黄本莲:《事故损害分担研究——侵权法的危机与未来》，法律出版社 2014 年版，第 256–257 页。

③ See Civil Law Rules on Robotics—European Parliament resolution of 16 February 2017 with recommendations to the Commission on Civil Law Rules on Robotics (2015/2103 (INL)), European Parliament, 2017, paragraph 57.

④ 参见曹建峰:《全球首例自动驾驶汽车撞人致死案法律分析及启示》，载《信息安全与通信保密》2018 年第 6 期。

坚实后盾。

二、推动监管合规

责任保险在自动驾驶汽车领域发挥着至关重要的作用，特别是在推动监管合规方面。随着自动驾驶技术的不断发展，责任保险制度成为确保行业合规、维护社会安全的有效工具，以下是责任保险在推动自动驾驶汽车监管合规方面的主要作用。首先，责任保险制度作为监管合规的重要工具，强化了企业的责任意识。自动驾驶汽车的引入涉及复杂的技术和系统，而责任保险投保要求企业对其产品和服务进行全面评估，并确保其达到相关标准。这种要求迫使企业更加注重产品质量和安全性，从而有助于提高整个行业的水平。其次，责任保险制度要求企业充分了解和评估潜在的风险。在自动驾驶汽车的开发和运营中，各种风险可能涉及技术故障、人为错误、法规变化等多个方面。责任保险的存在迫使企业进行全面的风险管理，包括技术创新的风险、道路安全的风险以及与其他交通参与者的互动等。这有助于企业更好地应对潜在的挑战，同时为监管机构提供了更为清晰地了解行业风险的途径。最后，责任保险制度为监管机构提供了一种有效的监督手段。监管机构可以通过审查企业的保险政策来评估其对潜在风险的管理情况，确保其具备足够的财务能力来承担可能的责任。这有助于监管机构更好地履行监督职责，确保行业的健康有序发展。

总体上看，责任保险制度在自动驾驶汽车领域发挥着推动监管合规的关键作用。责任保险促使企业提高责任意识，进行全面的风险管理，提高信息透明度，并为监管机构提供有效的监督手段，责任保险有助于确保自动驾驶汽车行业在合规的轨道上稳步发展。这种推动作用是维护社会安全、促进行业健康发展的必要手段。

三、增强公众信心的产业背书

产业的发展离不开公众的支持。对于自动驾驶汽车行业来说，其经历了近百年的探索，当下正处在大规模商业化落地的关键阶段，公众信任是商业之基石，因此增强公众的信任感是至关重要的。而自动驾驶汽车能否取得公众信任，就在于自动驾驶汽车的风险是否可控。相较于其他人工智能应用，自动驾驶汽车特别需要责任保险机制来分散风险，并作为产业背书向公众传递安全信号。一方面，自动驾驶汽车保留了传统汽车固有的物理风险，即以一台庞大的钢铁车身在公开的道路上高速移动，这种高质量、高速度的物体带来的动能本身就蕴含巨大的风险，这一点在自动驾驶汽车身上不会有本质改变。另一方面，自动驾驶汽车又兼具人工智能的技术属性，这意味着车辆日益数据化、算法化、网络化、智能化，受到网络和数据攻击的可能性随之陡增。[1] 只要关注周围常见的电子产品我们就知道，软件漏洞与故障几乎是不可避免的。2022 年 6 月，美国国家公路交通安全管理局首次公布的数据显示，过去一年有130 起涉及配备自动驾驶系统的车辆的事故[2]，而我国国内一些造车新势力也发生过类似的事故。[3] 人类驾驶员的退出使自动驾驶汽车相较传统汽车而言更加难以被驾驶员所掌控，如何使公众接受自动

---

[1] 参见柴占祥、聂天心、[德] Jan Becker 编著：《自动驾驶改变未来》，机械工业出版社 2017 年版，第 122—123 页。

[2] See Andrew J. Hawkins, US releases new driver-assist crash data, and surprise, it's mostly Tesla, The Verge, Jun. 15, 2022.

[3] 参见郑志峰：《车企要避免夸大宣传辅助驾驶功能》，载《法治日报》2021 年 8 月25 日，第 5 版。

驾驶汽车上路运行，克服对未知事物的恐惧，并让他们将自己的生命安全交给人工智能来控制依然是一道难题。

在这种情形下，责任保险的出现可以有效增强消费者对自动驾驶汽车的信心，这对司机、乘客和其他人员而言至关重要。①2020年欧盟《关于人工智能系统运行的责任立法倡议》就曾指出，"责任风险的高低是界定新技术、产品和服务成功与否的关键因素之一……并要求对于自动驾驶汽车这种高风险人工智能系统应当强制覆盖责任保险"。②对于自动驾驶汽车来说，责任保险的配套会给公众释放强烈的信号：一是保险行业对于自动驾驶汽车行业充满信心，愿意为自动驾驶汽车这一新产品承保，间接地向公众传递一个信号，即自动驾驶汽车的风险是可控的；二是责任保险的存在弥补了人类驾驶员的缺失，让无人驾驶的自动驾驶汽车看上去更具责任感，即使自动驾驶汽车失控造成损害，也会有责任保险来兜底买单，打消了消费者和其他交通参与者的后顾之忧。此外，责任保险的存在，至少从公共政策的角度来看，也使得损害的发生更好地被公众接受。③

四、更好救济受害人

相较于明确侵权责任路径，责任保险在救济受害人方面扮演着

---

① 参见邢海宝：《智能汽车对保险的影响：挑战与回应》，载《法律科学（西北政法大学学报）》2019年第6期。

② See European Parliament, Draft Report with Recommendations to the Commission on a Civil Liability Regime for Artificial Intelligence, 2020, paragraph 18.

③ 参见［德］马库斯·毛雷尔、［美］J.克里斯琴·格迪斯、［德］芭芭拉·伦茨、［德］赫尔曼·温纳主编：《自动驾驶：技术、法规与社会》，白杰、黄李波、白静华译，机械工业出版社2021年版，第453页。

更为重要的角色。有观点就指出，"从被保险人的角度看，责任保险是一种保护装置。但从受害人的角度看，责任保险是一种重要的确保受到他人侵权伤害的人获得补偿的方式。认为侵权法是确保事故受害人获得赔偿的主要工具是一种误解，把保险作为支付赔偿的主要手段，把侵权法视为这一过程的次要部分则更为准确"。[①] 特别是对于交通事故来说，责任保险制度具有非比寻常的地位，我们从传统汽车身上就可以看到这一点。例如，我国《道路交通安全法》第 76 条规定，"机动车发生交通事故造成人身伤亡、财产损失的，由保险公司在机动车第三者责任强制保险责任限额范围内予以赔偿；不足的部分，按照下列规定承担赔偿责任"。《民法典》第 1213 条进一步规定，"机动车发生交通事故造成损害，属于该机动车一方责任的，先由承保机动车强制保险的保险人在强制保险责任限额范围内予以赔偿；不足部分，由承保机动车商业保险的保险人按照保险合同的约定予以赔偿；仍然不足或者没有投保机动车商业保险的，由侵权人赔偿"。从这两个条文就可以看出，责任保险在解决传统汽车交通事故责任分担方面起着主要作用，为绝大部分事故责任的赔偿提供了解决渠道。

　　聚焦于自动驾驶汽车，责任保险对受害人的救济价值更为明显。一方面，责任保险救济门槛更低。受害人无论是主张交通事故责任，还是产品责任，想要寻求赔偿都需要负担举证责任——或证明车辆违反交通规则导致事故，或举证产品存在缺陷及其因果关系，这对于作为弱势群体的受害人来说都是十分困难的。我们还需要注意的是，就交通事故严重程度而言，未来自动驾驶汽车引发的

[①] 参见［英］彼得·凯恩：《阿蒂亚论事故、赔偿及法律》，王仰光、朱呈义、陈龙业、吕杰译，中国人民大学出版社 2008 年版，第 239 页。

严重交通事故相较于传统汽车可能减少，取而代之的是大量轻微交通事故，因此受害者通过侵权责任，花费大量精力来寻求赔偿可能会"费力不讨好"。[①] 责任保险具有高效率的特点，能够在交通事故发生后第一时间为受害人提供基础保障。考虑到自动驾驶汽车责任分担的复杂性，无论是交通事故责任之诉还是产品责任之诉，都会面临漫长困难的程序过程。对于情况紧急的受害人来说，时间就是生命，若其因自身经济水平限制，又无法及时通过诉讼获得赔偿金，而导致医疗的缺失，造成的后果对受害人而言是难以承受的，因此通过侵权责任解决问题的劣势显而易见。相反，责任保险可以立即帮助受害人解决最迫切的医疗费用和护理费用等赔偿需求，在危机时刻雪中送炭，体现出在受害人救济方面具有的独特优势。

五、营造良好的企业发展环境

自动驾驶汽车的责任问题不仅对于受害人来说至关重要，对于生产销售自动驾驶汽车的企业也有特殊的意义。欧盟《关于人工智能系统运行的责任立法倡议》就指出："责任问题对于企业来说是一种财务风险，将对中小型企业以及初创企业在基于新技术的项目提供保险和融资方面的能力和选择产生重大影响。因此，法律责任的目的不只是为了保障个人在法律上的重要权利。这种责任也是决定企业，特别是中小型企业和初创企业是否有能力筹集资金、创新和最终提供新产品和服务的关键。"[②] 自动驾驶汽车作为一种新技术物种，其在未来必然还要经过一段时间的成熟过程，在这个过程中因产品安全性能不

[①] 参见郑志峰：《自动驾驶汽车的交通事故侵权责任》，载《法学》2018 年第 4 期。

[②] See European Parliament, Draft Report with Recommendations to the Commission on a Civil Liability Regime for Artificial Intelligence, 2020, paragraph 18.

成熟导致的相关风险是不可避免的，就如同网约车在出现之初，行业乱象丛生。面对事故的发生与责任的承担，企业也背负来自法律、舆论、财务等各个方面的巨大压力，同时大量且持续的诉讼给企业带来负面的影响，直接影响企业的融资能力、经营能力。相对于法律责任，许多时候风评的恶化会给企业带来更大的影响[1]，特别是对科技创新类企业来说，风评的恶化甚至会成为压垮企业的最后一根稻草，例如2017年，美国Heranos公司遭受的欺诈指控。

　　对于自动驾驶汽车行业来说，要特别警惕事故责任给企业带来的负面影响。例如，2018年Uber公司自动驾驶汽车致人死亡事件发生后，Uber公司直接关闭了亚利桑那州自动驾驶测试中心，裁掉300名员工。随后，Uber公司又关停了无人驾驶卡车研发业务。2020年年底，Uber公司更是将自动驾驶部门出售给了竞争对手，正式宣布放弃自动驾驶技术的研发工作。[2]这一系列连锁反应充分体现了自动驾驶汽车行业的高风险特征，长时间高昂成本的投入，缓慢的商业落地进度，安全风险无处不在，严格的监管规则，让企业束手束脚。对此，一方面，我们要通过法律责任来约束企业，激励其革新技术，提升自动驾驶汽车的产品性能。另一方面，我们需要为企业适当减负，防止过重的责任负担阻碍企业的成长与发展，最终导致全社会无法受益。责任保险就是非常好的风险分散工具，可以为企业减轻责任压力，免于面对给其经济利益造成危险的诉讼。[3]如此一来，企业可以更加专注于自动驾驶汽车的技术革新。

---

① 参见［日］福田雅树、林秀弥、成原慧主编：《AI联结的社会：人工智能网络化时代的伦理与法律》，宋爱译，社会科学文献出版社2020年版，第265页。

② See Patrick McGee & Dave Lee, Uber abandons effort to develop own self-driving vehicle, Financial Times, December 8, 2020.

③ 参见［奥］伯恩哈德·A.科赫、赫尔穆特·考茨欧主编：《比较法视野下的人身伤害赔偿》，陈永强等译，中国法制出版社2012年版，第489页。

第二节　自动驾驶汽车对于现行责任保险的挑战

一、自动驾驶汽车与汽车保险行业的终结

（一）自动驾驶汽车对汽车保险行业的冲击

汽车保险是保险业的支柱之一。根据摩根士丹利和波士顿咨询公司的研究，汽车保险每年为全球各大保险公司带来了约 2600 亿美元的保费收入、170 亿美元的利润。他们估计，汽车保险业的市场价值高达约 2000 亿美元。同样，汽车保险市场也是我国财产保险公司市场份额的最主要部分，过去十年的占比均超过整体非寿险市场的 70%。① 虽然自动驾驶汽车行业的发展离不开保险行业的支持，但随之也带来了一些问题，当自动驾驶汽车的安全性得到充分保障，交通事故发生率大幅度下降时，汽车保险是否有可能会消亡呢？对此，业界似乎持消极态度。

2016 年，沃伦·巴菲特（Warren Buffett）接受采访，当被问及自动驾驶技术是否会成为汽车保险行业的一个麻烦时，他回答道："答案是肯定的。我认为这会是一个漫长的过程，但是结果是毫无疑问的。能够让汽车更安全的东西对社会是有益的，但是对汽车保险业来说却是个坏消息。"② 毕马威事务所的报告指出："由于自动驾驶汽车更为安全，美国汽车保险行业将在 25 年内缩水 60%。"③

---

① 参见许闲：《自动驾驶汽车与汽车保险：市场挑战、重构与应对》，载《湖南社会科学》2019 年第 5 期。

② 参见柴占祥、聂天心、[德] Jan Becker 编著：《自动驾驶改变未来》，机械工业出版社 2017 年版。

③ See Rosalie L. Donlon, Autonomous Vehicles Could Shrink U.S. Personal Auto Insurance Sector by 60%, Property Casualty, Oct. 22, 2015.

而著名的保险公司辛辛那提金融（Cincinnati Financial）在一份报告中也提及："自动驾驶汽车等新技术的出现，可能会大幅减少消费者对于汽车保险产品的需求。"[1] 此外，通用公司退休的执行官劳伦斯·伯恩斯（Lawrence Burns）也表示："自动驾驶汽车不再像传统汽车那样频繁发生事故，事故也不会那么严重，汽车保险行业的好日子到头了。"[2]

保险行业对于自动驾驶汽车的担忧并非毫无道理。保险经营的本质在于可以对风险进行转移，汽车安全性能的提高将降低风险，进而缩小市场需求和规模。[3] 但随着人工智能技术的介入，交通越来越安全，潜在风险发生的可能性被无限缩小，人们对保险的购买意愿逐渐降低，汽车保险可能逐渐沦为供消费者自由选择的完全的商业保险，失去它的部分强制性。当保险公司发现汽车保险不再像以前那样获利，而是成为冗余的保险类目时，甚至可能关闭它们的汽车保险部门。

（二）自动驾驶汽车不会终结汽车保险行业

笔者认为，尽管自动驾驶汽车的出现带给保险行业以新的冲击，但并不会终结汽车保险行业，而是为其带来新的变化。

第一，L5 级别自动驾驶汽车短期内难以实现，即使是高度自动驾驶汽车也有很长的路要走。尽管自动驾驶汽车目前已经发展到 L4 级别，众多车企已经开始该等级的路测活动，但离 L5 级别

---

[1] See Willie D. Jones, Will Self-Driving Cars Crash the Insurance Industry?, IEEE, Mar. 12, 2015.

[2] See Jeff McMahon, Driverless Cars Could Drive Car Insurance Companies Out of Business, Forbes, Feb. 19, 2016.

[3] 参见许闲：《自动驾驶汽车与汽车保险：市场挑战、重构与应对》，载《湖南社会科学》2019 年第 5 期。

自动驾驶汽车依然存在较大技术壁垒。同时从汽车发展史来看，一项新安全技术的采用与普及并不是一件容易的事。例如，自适应巡航控制、并线辅助系统等都是早已成熟的汽车安全技术，但目前市面上只有部分高端车型配备此类技术，或作为选装选项提供给消费者。对此，美国高速公路安全保险学会的发言人拉斯·雷德（Russ Rader）说道："一项新安全技术想要在汽车行业普及开来需要非常长的时间。即使是一项政府强制安装的新技术，也需要30年的时间才能普及到95%以上的车辆。"[1] 这意味着即便自动驾驶汽车投入市场，离应用场景广泛化仍然有很长一段距离。

第二，自动驾驶汽车在减少交通事故风险的同时，也带来了新的安全风险。日常生活中，电脑和应用程序崩溃的情形随处可见，甚至是以稳定安全著称的股票交易系统也常常出现"闪电崩盘"。[2] 与这些程序相比，自动驾驶系统的算法程序更为庞大复杂，其出现程序错误的可能性更大。例如特斯拉就出现过车机系统在高速上死机的事故。而鉴于算法程序的知识产权属性，自动驾驶系统很可能不会公开接受检查和修正。[3] 与此同时，自动驾驶汽车普遍采用车与车（V2V）、车与道路基础设施（V2I）等网联技术，一个小的系统问题都可能会导致自动驾驶汽车的集体崩溃。除此之外，自动驾驶系统也将面临被黑客攻击的风险。[4] 智能道路基础设施故障也会产生新的安全风险，部分通过物联网技术实现自动驾驶的车辆对道

---

[1] See Willie D. Jones, Will Self-Driving Cars Crash the Insurance Industry?, IEEE, Mar. 12, 2015.

[2] See Nick Wells & Eric Chemi, A Short History of Stock Market Crashes, CNBC, Aug. 24, 2016.

[3] See Patrick Lin, No, Self-Driving Cars Won't Kill the Insurance Industry, Forbes, Apr. 25, 2016.

[4] See Sophie Jamieson, Will Driverless Cars Be the Death of the Insurance Industry?, The Telegraph, Aug. 7, 2015.

路信息的收集依托于智能道路基础设施，在道路基础设施故障的情形下，此类车辆的自动驾驶功能将受到重大影响，如在极端天气情况下自动驾驶汽车无法对相关信息进行准确的收集和分析，增加了道路驾驶的危险系数。① 以上风险是在传统汽车时代所没有的。

第三，汽车产品存在着不可避免的故障风险。即使自动驾驶汽车的算法程序没有漏洞，但从硬件层面出发，高质量、高技术的硬件往往较为脆弱，也面临着故障或被破坏的风险。退一步说，即使硬件和软件设施都完美无缺，从物理学角度看，自动驾驶汽车仍然有发生事故的概率。基于此，认为自动驾驶汽车应用后，保险行业就会消亡的报道显然过分夸大了。② 事实上，许多保险公司在积极进军自动驾驶汽车行业。2016 年 6 月，英国 Adrian flux 公司就率先推出针对自动驾驶汽车的保险业务，成为全球保险行业针对自动驾驶汽车的首次尝试。③2017 年 4 月起，日本东京海上日动火灾保险公司就开发了针对自动驾驶汽车的保险产品，将自动驾驶期间发生的交通事故纳入汽车保险的赔付范围内，成为日本第一家为自动驾驶汽车承保的保险公司。④

二、自动驾驶汽车对于现行责任保险制度的挑战

如前文所述，尽管自动驾驶汽车不会终结汽车保险行业，但其

---

① 参见许闲：《自动驾驶汽车与汽车保险：市场挑战、重构与应对》，载《湖南社会科学》2019 年第 5 期。
② See Patrick Lin, No, Self-Driving Cars Won't Kill the Insurance Industry, Forbes, Apr. 25, 2016.
③ 参见柴占祥、聂天心、〔德〕Jan Becker 编著：《自动驾驶改变未来》，机械工业出版社 2017 年版，第 122—149 页。
④ 参见〔日〕池田裕辅：《自動運転技術等の現況》，载《ジュリスト》2017 年第 1 期。

带给现行保险体系的冲击是不可避免的。我国现行机动车责任保险体系主要由交强险和机动车商业险构成。交强险，全称为机动车交通事故责任强制保险，是指由保险公司对被保险机动车发生道路交通事故造成本车人员、被保险人以外的受害人的人身伤亡、财产损失，在责任限额内予以赔偿的强制性责任保险。根据《中国保险行业协会机动车商业保险示范条款（2020版）》，机动车商业险包括基本险和附加险两种类型，基本险包括机动车损失保险、机动车第三者责任保险、机动车车上人员责任保险3个独立的险种，附加险包括附加绝对免赔率特约条款、附加车轮单独损失险、附加新增加设备损失险、附加车身划痕损失险、附加修理期间费用补偿险等11种。然而，无论是交强险还是商业险，都是以传统汽车、驾驶人、驾驶行为、驾驶过错、机动车交通事故责任为基础展开的，机器驾驶取代手动驾驶后，原生基础遭到动摇，现行机动车保险体系将受到全方位的冲击。

　　第一，投保主体的变化。对于传统机动车来说，无论是交强险还是机动车商业险，投保的主体皆为机动车所有人或者管理人，这种投保主体选择背后的理论依据在于"危险控制理论"及"保险利益原则"。[1] 简言之，根据危险控制理论，机动车驾驶员是交通事故产生的主要原因，即机动车驾驶员是风险控制者，因此为他们设置保险缴费义务是合理的。根据保险利益原则，保险对投保人的吸引力绝不是源于法律的强制性规定，而是在投保后投保人所能享受的保险利益，即保险可以分散他们的赔偿风险。然而，随着自动驾驶汽车的到来，事故责任逐渐从使用人一端转移到生产者一端，仍然

---

[1] 参见于海纯、吴秀：《自动驾驶汽车交通事故责任强制保险制度研究——一元投保主体下之二元赔付体系》，载《保险研究》2020年第8期。

要求机动车所有人或者管理人投保是否合适存在疑问。尤其是在自动驾驶汽车中，事故常常与所有人或者使用人的操作无关，而是与汽车算法设计息息相关。若与其他汽车一样，让所有人或者管理人购买保险，有让消费者为生产者过错付费之嫌。① 根据风险控制理论，风险控制者由人类驾驶员转移到了自动驾驶系统背后的系统开发者、生产商或运营商处，现行的交强险制度在投保主体方面显然出现了投保人与风险控制者不统一的矛盾局面。而对于生产者一方来说，根据保险利益原则，他们不是交强险的适格投保主体，也无法进行投保，一旦发生交通事故，很有可能成为不享有保险利益的赔偿主体，这对生产者是不公平的。由于自动驾驶汽车的事故责任越来越归咎于产品本身的缺陷，生产者对于责任保险的需求也会更加强烈，如何将他们纳入投保范围成为一项新挑战。

尽管立法层面有关投保主体的改动付之阙如，但是实践中市场已经体现了扩张保险主体的趋势。2019 年中国太平洋保险公司和长安汽车联合推出了中国首个关于自动驾驶汽车的保险"放心泊"。该保险最大的亮点有两个：其一是投保主体为生产商，其二便是投保对象为自动驾驶汽车。"放心泊"体现了仅凭传统交强险的单一投保并不足以涵盖受害者的损失，而自动驾驶汽车的生产厂家为了分散风险，也愿意承担一定额度的保险，以换得整体经营风险的降低的态度。

第二，保险对象的影响。《机动车交通事故责任强制保险条例》第 3 条以及第 21 条明确规定，交强险保障的是本车人员、被保险人以外的受害人。在现行机动车责任保险体系中，交强险和商业第

---

① 参见韩旭至：《人工智能的法律回应：从权利法理到致害责任》，法律出版社 2021 年版，第 157 页。

三者责任险占据重要位置，但两者的保险对象都不包括被保险人和本车人员，在实践中被保险人的家属通常也被排除在外。如果机动车所有人或者管理人想要给车内人员投保，就需要购买单独的车内人员险。这种设计有五个主要原因：其一，对于机动车引发的交通事故，只要造成损害的机动车一方购买了交强险和商业第三者责任险，受害人就可以获得赔偿。其二，驾驶人对汽车享有控制权，通常是交通事故的危险来源，其享有较强的风险控制能力。其三，车内乘客基于其与驾驶人的信任关系，对可能发生的风险有一定认知，也属于自甘风险。[①] 其四，排除被保险人家属主要是考虑可能产生的道德风险。其五，交强险的目的是保护道路交通中的弱势群体，驾驶人和车内乘客与机动车被视为一个整体，实质上处于强势群体地位，应当排除在外。[②] 随着自动驾驶汽车到来，自动驾驶系统取代传统人类驾驶员，车内人员的角色发生了改变，他们与车外人员一样无法控制汽车的运行，两者处境逐渐同质化，将他们排除在交强险的救济之外值得商榷。

　　第三，保险内容的挑战。现行机动车责任保险的内容主要是第三人的人身财产损失、车内人员的人身损害以及机动车财产损失三大板块，同时还有各种附加险，包括附加绝对免赔率特约条款、附加车轮单独损失险、附加新增加设备损失险、附加车身划痕损失险、附加修理期间费用补偿险、附加发动机进水损坏除外特约条款、附加车上货物责任险、附加精神损害抚慰金责任险、附加法定节假日限额翻倍险、附加医保外医疗费用责任险、附加机动车增值

---

① 参见张新宝、陈飞：《机动车交通事故责任强制保险条例理解与适用》，法律出版社 2006 年版，第 152 页。

② 参见于海纯、吴秀：《自动驾驶汽车交通事故责任强制保险制度研究——一元投保主体下之二元赔付体系》，载《保险研究》2020 年第 8 期。

服务特约条款等。随着自动驾驶汽车的到来，驾驶模式的变化导致部分车险产品需求量下降甚至消失，为自动驾驶汽车定制的新型险种将会诞生。例如，汽车实现自动驾驶以后，基于互联网、物联网应用的自动驾驶汽车可以随时随地被监控和召唤，大大降低了汽车被盗、被抢等事故发生的概率，盗抢险的需求可能会逐渐降低。与此同时，自动驾驶汽车专属的技术特征也会带来新的业务增长点。例如，自动驾驶汽车的网络安全、数据安全、软件升级等方面的保险需求将会增加。

第四，责任分担的难题。无论是交强险还是机动车商业险，保险公司承担责任后，都需要向对事故发生负有责任的主体追偿。对此，最高人民法院《关于审理道路交通事故损害赔偿案件适用法律若干问题的解释》（以下简称《道路交通事故损害赔偿司法解释》）第15条规定："有下列情形之一导致第三人人身损害，当事人请求保险公司在交强险责任限额范围内予以赔偿，人民法院应予支持：（一）驾驶人未取得驾驶资格或者未取得相应驾驶资格的；（二）醉酒、服用国家管制的精神药品或者麻醉药品后驾驶机动车发生交通事故的；（三）驾驶人故意制造交通事故的。保险公司在赔偿范围内向侵权人主张追偿权的，人民法院应予支持。追偿权的诉讼时效期间自保险公司实际赔偿之日起计算。"据此，如果因为驾驶人未取得驾驶资格、醉酒、故意制造交通事故的，保险公司在承担交强险后，可以向驾驶人追偿。随着自动驾驶汽车的普及，用户不再扮演驾驶人的角色，因为驾驶人的过错造成自动驾驶汽车交通事故的概率将大大减少，而生产者、黑客等第三方原因导致交通事故发生的情形将会增加，这使得保险责任的后续分担将会变得异常复杂。若依然适用现行保险制度，极有可能造成追偿权空置与追偿权缺失两种情形，加重保险人的负担。

第五，保险缴纳方式的疑问。商业保险的权利义务关系以保险关系下保费缴纳与待遇给付为中心，并且缴费与待遇之间为对价的关系。[①] 现行保险缴费制度所依据的保险费率评估标准是根据被保险人的违章行为、事故次数等因素厘定费率，但随着自动驾驶汽车的发展，车辆自动驾驶能力不断完善，自动驾驶汽车保险费率的风险评估要素将逐渐与驾驶人员的驾驶能力脱钩，而与自动驾驶系统的安全性相连通，如何根据自动驾驶系统安全性合理确定保险费率依然是一个疑问。

第三节　自动驾驶汽车责任保险革新的域外观察

一、美国责任保险市场化的探索

2017 年美国发布了《自动驾驶法》，涉及自动驾驶的消费者保护、产业创新、提高流动性、技术研发四个方面，但是并没有提及保险，自动驾驶汽车保险的法律实则散布于各州。

当前，美国所有允许自动驾驶汽车开展道路测试的州，都要求测试主体购买足额保险。对于自动驾驶汽车商业化阶段究竟如何投保，美国许多公司正在积极探索。随着自动驾驶汽车逐渐替代传统汽车，保险公司开始寻求基于生产者的保险模式，而不再是基于个体车主的保险模式。例如，Waymo 公司已经与一家名为 Trov 的保险公司合作，由 Trov 为 Waymo 自动驾驶网约车服务提供保险。它们的保险模式是基于制造商的保险模式，保险公司直接向 Waymo

---

① 参见房海军:《社会保险待遇权法律保障问题研究》，武汉大学 2019 年博士学位论文，第 79 页。

公司出售保险，由 Waymo 公司直接支付保费。该保单可以涵盖乘客的医疗费用、财产损失和行程中断的损失。由于保险费用已经包含在车费当中，因此乘客搭乘 Waymo 自动驾驶汽车无需单独购买保险。① 与此同时，Uber、沃尔沃等公司也纷纷推出汽车订阅模式，消费者从拥有汽车转向使用汽车，就像订阅互联网服务那样订阅自动驾驶汽车出行服务。而订阅费用中就包含道路救援、工厂定期维护、零部件磨损更换以及车辆保险等费用。

二、英国《自动化与电动化汽车法案》的革新

英国高度重视自动驾驶汽车的发展，在责任保险方面创新不断。早在 2016 年 6 月，英国 Adrian flux 公司率先推出了针对自动驾驶汽车的保险业务，其中就包含许多专属于自动驾驶汽车技术特征的保险条款。2018 年 7 月，英国通过《自动化与电动化汽车法案》（以下简称《AVE 法案》），针对自动驾驶汽车的责任保险制度作出革新。综合看来，《AVE 法案》主要在保险模式与保险制度设立上取得突破。

（一）确定了单一承保的自动驾驶汽车保险模式

英国所规定的单一承保模式必须达到双重涵摄，涵摄对象既包括车主，也包括自动驾驶汽车。当自动驾驶系统造成事故，应当由保险商先行理赔，保障受害者的快速救济后再明确具体侵权方，即事故到底是由驾驶员引起的还是由自动驾驶系统引起的，如果是自

---

① See Adam Bishopon, Will driverless cars wipe out accident claims?, Riskheads, January 15, 2018.

动驾驶系统引起的，再由保险公司向自动驾驶汽车研发者追偿，这种模式对于保险公司有一定的技术要求，保险公司必须十分熟悉自动驾驶汽车，才能够顺利追偿，保险公司和汽车生产商在博弈中必将探索一条程式化的快速追偿方式。

（二）具体保险规则

1. 明确可以投保的自动驾驶汽车范围

《AVE 法案》第 1 条要求国务大臣列出识别自动驾驶汽车的方法，以便允许制造商、车辆所有人和保险人了解本法的范围是否适用于他们的车辆。根据第 1 条规定，法案适用的对象为自动驾驶汽车，不包括辅助驾驶功能，这意味着 SAE 分级指南中的 L0—L2 级别自动驾驶汽车并不适用该法案。与此同时，该法案是否涵盖 L3 级别的自动驾驶汽车存在争议。有观点指出，虽然 L3 级别的自动驾驶汽车能够执行整个动态驾驶任务，但是在车辆需要的情况下，则要求驾驶员进行干预。因此，在车辆需要的情况下要求驾驶员干预是否构成"控制"或"监控"，这一点是值得商榷的。上述不确定性也在上议院就该法案进行辩论的时候被提出，有议员提出，该法案不适用于 L3 级别的车辆，而只适用于高度自动驾驶和完全自动驾驶汽车。[①] 但从英国 2022 年发布的《自动驾驶汽车：联合报告》来看，自动驾驶汽车包括 L3 级别的自动驾驶汽车。[②] 这意味着 L3 级别的自动驾驶汽车也在法案投保的范围内。

2. 明确保险人等主体的事故责任

《AVE 法案》第 2 条明确规定了自动驾驶汽车事故中保险人等

[①] 参见曹建峰、张嫣红：《〈英国自动与电动汽车法案〉评述：自动驾驶汽车保险和责任规则的革新》，载《信息安全与通信保密》2018 年第 10 期。

[②] See The Law Commission, Automated Vehicles: joint report, 2022, p. 38.

主体的责任。首先，如果自动驾驶汽车在事故发生时已经投保，那么由保险人承担赔偿责任。其次，如果自动驾驶汽车在事故发生时没有投保，那么由车辆所有人负责赔偿。最后，与 1988 年英国《道路交通法》第 145 条规定的常规车辆强制保险相比，该法案将保险人的责任范围扩大到包括自动驾驶汽车在行驶过程中对乘坐者造成的损害，在这种情况下乘坐者也可以获得补偿。

3. 与有过失条款

《AVE 法案》第 3 条明确与有过失规则可以适用于自动驾驶汽车造成的事故责任。其一，在保险人或者车辆所有人就事故承担赔偿责任时，如果受害人对事故的发生与有过失，那么根据 1945 年《法律改革（与有过失）法》[*The Law Reform（Contributory Negligence）Act 1945*]，受害人主张的赔偿数额应当在相应程度内减少。其二，如果事故的发生完全是由于车辆控制者的过失，在不合适的情况下允许自动驾驶汽车自动驾驶，那么保险人和车辆所有人无需承担赔偿责任。

4. 明确保险责任的免责事由

《AVE 法案》第 4 条明确了因未经授权的软件更改或者未能更新软件而导致的事故，保险人不必对被保险人承担责任。其一，如果被保险人或者在被保险人知情下，进行了保单禁止的软件更改，或者未能安装被保险人知道或应该知道的安全攸关的软件更新，则保险人可以免除赔偿责任。其二，所谓与自动驾驶汽车有关的"软件更改"和"软件更新"分别指对车辆软件的更改和更新，而安全攸关的软件更新是指如果在没有安装更新该软件的情况下使用车辆是不安全的。

5. 明确保险人等向事故责任人追偿的权利

《AVE 法案》第 5 条规定，保险人或车辆所有人就事故承担赔偿责任，且通过法院判决或者裁定、仲裁裁决或者裁定以及强制执行协议等方式已经确定责任金额，有权向对事故发生负有责任的人追偿，但追偿数额不能超过对受害人的责任金额。

三、德国《强制保险法》的修订

2017 年德国的《第八修正案》提高了保险的赔偿额度，与此同时，《第八修正案》在立法条文上也提升了自动驾驶汽车单次赔偿数额，将自动驾驶汽车理赔时的人身限额改为 1000 万欧元，将原有的财产限额改为 200 万欧元，在修改之前，两者的最高限额分别是 500 万欧元和 100 万欧元。

2021 年 7 月，德国政府又通过了《自动驾驶法》。该法案主要分为两个部分，一是对《道路交通法》的修订，二是对《强制保险法》的修订，即在《强制保险法》第 1 条中增加一款，规定具有自动驾驶功能的机动车辆的保有人有义务为技术监督员购买和维持责任保险。据此，德国对于自动驾驶汽车责任保险作了强制规定：第一，投保人为自动驾驶汽车的保有人，即通常所说的车主。第二，投保对象为技术监督员，这意味着适用对象主要是针对 L4 级别的自动驾驶汽车。将技术监督员纳入被保险人范围的原因在于，如果自动驾驶汽车在运行期间出现紧急状况，虽然技术监督员可以要求相关位置乘客接管车辆来避免事故，但也可能存在技术监督员不履行或不适当履行职责而造成事故损害并面临索赔的情形。①

---

① 参见张韬略、钱榕：《迈入无人驾驶时代的德国道路交通法——德国〈自动驾驶法〉的探索与启示》，载《德国研究》2022 年第 1 期。

四、韩国《机动车事故赔偿保证法》的因应

2020 年 10 月，韩国修正了《机动车事故赔偿保证法》，规定自动驾驶汽车引发的事故应由保险公司首先赔偿受害人，并根据是否存在产品缺陷来分担责任。为了查明交通事故原因，该修正案还特别设置了事故调查委员会制度，出台了《自动驾驶车辆事故调查委员会的组织和运作条例》。根据这个条例，委员会可以要求车辆制造商提供记录在事故记录系统中的信息，并要求保险公司提交与现场拍摄相关的照片以及与此有关的文件和材料。此外，在必要或适当情况下，委员会还可以就具体问题向当事人和车辆制造商提出询问或要求提交报告。

五、小结

通过上述域外考察我们可以注意到，自动驾驶汽车的责任保险制度问题已经成为各国关注的焦点。一方面，责任保险有助于完善事故责任分配体系；另一方面，责任保险制度可以主动助推整个自动驾驶汽车行业的发展，而不仅是事后被动的损失分担。基于此，各国都在积极探索适应自动驾驶汽车技术特征的责任保险规则。基于各国的探索经验，我们至少可以得出如下启示：

第一，实质大于形式。各国责任保险革新的形式多种多样，美国主要借助市场的力量，鼓励自动驾驶汽车企业与保险公司合作，推出适合消费者购买的一站式的保险项目，瞄准的是自动驾驶汽车共享出行市场。英国则是选择出台专门法案，为自动驾驶汽车配备全新的责任保险制度。德国和韩国则是修订了原有责任保险立法，在遵循原有保险制度架构的基础上，就自动驾驶汽车出台特别规

定，试图通过温和的修法方式来满足自动驾驶汽车发展的需求。但无论采取何种形式，关键在于内容的变革，即充分认识到自动驾驶汽车与传统汽车的区别、驾驶员角色的前后变化以及生产者一方责任承担的新趋势，以此来构建一套满足行业发展和公众期待的责任保险制度。

第二，充分尊重本土国情。各国责任保险革新路径之所以不同，根本原因在于国情的不同。美国方面机动车交通事故责任以及责任保险主要由各州自主决定，联邦层面只能制定各州的立法框架，而无法统一制定具体的法律。但美国依靠其强大的保险市场，完全有能力完成责任保险制度的更新。英国方面则是从运输行业的整体视角出发，原本计划通过的是《汽车技术和航空法案》，试图一体解决公路运输和航空运输系统的责任保险问题，但该法案最终夭折。随后，英国才出台了《自动化与电动化汽车法案》，只集中解决自动驾驶汽车与电动汽车的责任保险问题。同样，德国、韩国都充分考虑利用已有的责任保险制度基础，并没有盲目抛弃原有的立法去制定全新的法案。

第三，我国责任保险革新模式的选择。当前，我国汽车保险行业已经非常发达，出台了《道路交通安全法》《保险法》《机动车交通事故责任强制保险条例》等法律法规，形成了以交强险与机动车商业险为主体的保险框架。虽然自动驾驶汽车不同于传统汽车，但现行保险框架依然具有很强的适应性，一方面，虽然汽车不再由人类驾驶员驾驶，但自动驾驶汽车仍然属于机动车的范畴，现行机动车责任保险的基础并未消失；另一方面，现有责任保险框架非常灵活，特别是商业险具有强大的适应能力，能够及时顺应自动驾驶汽车的发展，提供针对性的保障。基于此，笔者认为，面对来势汹汹的自动驾驶汽车浪潮，我国自动驾驶汽车交通事故责任强制保险需要以传统机动车保险为基础，借鉴各国立法经验，结合我国实际情况进行构建，首先需要确立依法构建、保障受害者权益和不盈利不亏损的基本原则，确定技术模式，要重在从内容上进行制度革新，再构建具体的交强险与产品责任险相结合的具体路径。

第四节　自动驾驶汽车责任保险的本土构建

一、交强险制度的改造

如前文所述，现行交强险制度在投保主体、保险对象、保险内容、责任分担等层次都受到了冲击，不能很好适应自动驾驶技术的发展趋势，因此应当及时予以更新改造。

（一）责任性质

现行交强险呈现出明显的有责赔偿属性，虽然存在无责赔偿的部分，但无责赔偿存在限额，且无责赔偿虽名为"无责"，但并不是无条件赔偿。无论是人身损害还是财产损失，无责方机动车均应与受害人所乘坐车辆或财产损失车辆发生碰撞或接触，也就是"碰撞"赔偿原则。自动驾驶汽车应用后，笔者认为交强险需要回归无责赔偿，与机动车一方的侵权责任进行脱钩，并弃用事故分项限额制，改用受害人分项限额制，以提高对受害人的救济能力。

第一，契合自动驾驶汽车的技术特征。现行交强险被分为机动车一方有责任和无责任两个部分，其中，机动车一方无责赔偿数额十分有限，而事故责任的施加又以驾驶过错为基础。这意味着若受害人要依靠交强险获得充分的权益保障，需要首先证明机动车一方负有责任，即存在过错。这种设定的逻辑基础是无侵权责任即无保险责任，保险责任是为了减轻机动车一方的赔偿责任而存在的。然而，在自动驾驶汽车到来后，人类驾驶员的角色逐渐消失，用户不再手动驾驶汽车，受害人要想证明其存在过错是十分困难的。对此，交强险应当从有责赔偿转向无责赔偿，如此才能契合自动驾驶汽车的技术特征。①

第二，回归交强险的制度初衷。与侵权责任不同，交强险的立法初衷是救济受害人，并非出于对单纯的具体的个人之间利益的平衡补偿，而是从整个社会的角度，对机动车与行人、非机动车两个群体之间利益的平衡补偿。② 因此，交强险具有强烈的社会属性，是典型的政策性保险。《机动车交通事故责任强制保险条例》第1条就明确指出交强险的立法宗旨是"为了保障机动车道路交通事故受害人依法得到赔偿，促进道路交通安全"。而要想实现这一立法初衷，交强险必须与侵权责任进行完全分离。③ 无论机动车一方有无过错和责任，都应当适用交强险，如此才能真正发挥交强险基本保障的功能。事实上，《道路交通安全法》第76条就采取了这一思路，规定只要机动车发生交通事故造成损害，保险公司就需要在交强险责任限额范围内赔偿，不足部分才存在侵权责任的分担问题。面对自动驾驶汽车的到来，机动车一方究竟承担何种性质的责任尚不明确。④ 此种背景下，让交强险回归无责赔偿的属性，能够很好

① 参见邢海宝：《智能汽车对保险的影响：挑战与回应》，载《法律科学（西北政法大学学报）》2019年第6期。
② 参见石慧荣、马东：《车险赔付法律问题研究》，载《法治研究》2010年第12期。
③ 参见张龙：《自动驾驶背景下"交强险"制度的应世变革》，载《河北法学》2018年第10期。
④ 参见郑志峰：《自动驾驶汽车交通事故责任的立法论与解释论——以民法典相关内容为视角》，载《东方法学》2021年第3期。

地顺应自动驾驶技术的发展,保障事故受害人。

(二)投保主体

根据《机动车交通事故责任强制保险条例》第 2 条规定,现行交强险的投保主体为机动车所有人或者管理人。而关于交强险的投保主体是否应当变更,学界意见不一。张龙认为需要保证出厂的每一辆车均投保交强险,应当扩大投保主体,将生产者也纳入投保主体的范围[①],王春梅甚至认为交强险的投保主体应当由使用人转为生产商[②],詹诗渊则从自动驾驶汽车的交通事故很可能基于自动驾驶系统的视角认为交强险的购买义务应当移转。[③] 郑志峰则从交强险的救济属性、弱人工智能产品、利益风险一致原则考虑,认为现阶段交强险的投保主体应当是使用者。[④] 但基于目前仍处于弱人工智能阶段的时代大背景下的考量,笔者认为目前依然不适宜将交强险的投保主体变更为生产商。

第一,车辆所有人或者管理人作为投保主体符合交强险的目的。首先,交强险的目的是救济受害人、保护受害人的合法权益而非纯粹的代替机动车一方承担赔偿责任。对于交强险而言,应当回归其无责赔偿的属性,这意味着并不需要区分车辆驾驶员与生产商之间的过错,即使是自动驾驶汽车所有人或者管理人也具备投保交强险的基础。其次,自动驾驶汽车虽然无需所有人或者管理人手动

---

① 参见张龙:《自动驾驶背景下"交强险"制度的应世变革》,载《河北法学》2018年第 10 期。

② 参见王春梅:《人机协同视域下中国自动驾驶汽车责任保险立法构设》,《上海师范大学学报(哲学社会科学版)》2022 年第 3 期。

③ 参见詹诗渊:《论自动驾驶机动车的侵权责任构造与赔付制度衔接》,载《民商法论丛》2020 年第 1 卷。

④ 参见郑志峰:《论自动驾驶汽车的责任保险》,载《荆楚法学》2022 年第 5 期。

驾驶，但这并不意味着他们已经不承担任何职责，他们仍然需要承担诸如定期维护车辆、遵守交通法规中非驾驶指令、及时升级自动驾驶系统、及时接管车辆等职责。基于此，让所有人或者管理人投保有助于督促其合理使用自动驾驶汽车。再次，所有人或者管理人享受了自动驾驶汽车带来的便利，让其投保也符合利益风险一致原则。最后，自动驾驶汽车不排除手动驾驶的可能，这使得自动驾驶汽车兼具传统汽车的属性，让所有人或者管理人继续投保有其合理性。

第二，由生产者投保交强险并不合适。生产者一方虽然需要对自动驾驶汽车的产品质量承担责任，但并不直接控制自动驾驶汽车的使用。自动驾驶汽车一旦售出，具体如何使用完全取决于所有人或者管理人。生产者一方并不知道所有人或管理人如何管理、是否上路、使用年限等关键信息。若规定由生产者一方购买交强险，那么其根本无法预估自动驾驶汽车用途，也无法确定该自动驾驶汽车如何购买交强险。[1] 除此之外，若由生产者一方投保交强险，减轻了所有人或保有人所承担的责任，这可能导致不正当或过度使用自动驾驶汽车等现象的出现，不利于控制损害风险。需要注意的是，如果生产者一方将自己生产的汽车直接用于运营，如某公司生产并自行运营自动驾驶出租车，那么此时生产者一方的身份已经兼具所有人和管理人，其投保交强险的身份是所有人或者管理人，而非生产者。

第三，延续现有的规定。现行交强险已实行多年，延续既有规定将机动车所有人或者管理人认定为投保主体，能满足交强险给受害人以最低程度保障的目的，既能降低修法成本，又可增强法律的周延性、包容性，还能维持法律制度的稳定性。[①] 相反，将生产者一方纳入投保主体，现有《道路交通安全法》以及《机动车交通事故责任强制保险条例》都需要彻底重构，大大增加了立法成本。同时，若将生产者一方纳入交强险，也会使得保险设置需要权衡一些新的要素，如汽车的构造、样式、操作限制、损失历史、某些软件的可靠性以及汽车受到黑客攻击的频率等，这一方案涉及交通事故责任法律和产品责任法律的变革，制作成本过大。[②]

（三）保险对象

根据《机动车交通事故责任强制保险条例》第 21 条第 1 款规定："被保险机动车发生道路交通事故造成本车人员、被保险人以外的受害人人身伤亡、财产损失的，由保险公司依法在机动车交通事故责任强制保险责任限额范围内予以赔偿。"由此可见，现行交强险保障的对象并不包括车内人员，不符合自动驾驶汽车的技术特征，应当将车内人员一并纳入救济范围。

第一，车内人员需要交强险的保护。自动驾驶技术的应用增大了人类驾驶者和同乘人员成为受害人的可能 [③]，亟需交强险的保护。其一，机器驾驶取代手动驾驶后，人类的角色已由"驾驶员"转变为"用户""乘客"，由"危险控制者"转变为"危险承受者"，这一变化最终导致车内人员与车外受害人同质化。[④] 与车外第三人相比，车内

---

① 参见于海纯、吴秀：《自动驾驶汽车交通事故责任强制保险制度研究——一元投保主体下之二元赔付体系》，载《保险研究》2020 年第 8 期。

② 参见邢海宝：《智能汽车对保险的影响：挑战与回应》，载《法律科学（西北政法大学学报）》2019 年第 6 期。

③ 参见张龙：《自动驾驶背景下"交强险"制度的应世变革》，载《河北法学》2018 年第 10 期。

④ 参见于海纯、吴秀：《自动驾驶汽车交通事故责任强制保险制度研究——一元投保主体下之二元赔付体系》，载《保险研究》2020 年第 8 期。

人员的处境没有实质上的优势，他们同样处于被动安排的局面，损害发生与否不由自己控制，其强势群体地位显然已被弱化，甚至同样成为弱势群体。其二，结合前文提到的自动驾驶汽车商业化理论，未来自动驾驶汽车将更多地由不具备驾驶技能的人类乘客乘坐，他们的权益需要交强险予以保护。[①] 其三，尽管自动驾驶汽车存在一个开启自动驾驶功能的用户，但该用户与车内其他乘客一样，均无法参与汽车的具体运行，更遑论控制事故的发生。如此一来，防范车内人员故意制造事故的道德风险不复存在。此外，自动驾驶汽车可以通过各种监控设备，有效防范车内人员故意引发事故的潜在风险。

第二，对车内人员不适宜适用自甘风险原则。现行交强险制度不赔偿车内人员与被保险人，对被保险人而言，其不受赔偿的法理依据是"侵权人无法侵权自身"，但对车内其他乘客而言，其不受赔偿的原因可能基于自甘风险理论，原因是其乘车行为的产生是基于合同关系或人身关系，属于自愿行为，此时应当认定乘车人对被保险人产生了合理信任，同时对乘车行为可能产生的相关风险也具备认识。但根据《民法典》第1176条第1款规定，自甘风险规则目前仅应用于具有一定风险的文体活动，因此将自甘风险规则认定为交强险不赔偿车内人员的学理原因是不合理的。而对自动驾驶汽车而言，自动驾驶系统具有深度学习能力和高度智能性，作为普通人的乘客很难对乘坐自动驾驶汽车的风险形成有效的认知与预期。又由于在自动驾驶状态下并不存在驾驶员，更遑论乘客与驾驶员之间的信任关系 [②]，自甘风险原则更加不存在适用的条件。

[①] 参见马宁：《因应自动驾驶汽车致损风险的保险机制》，载《华东政法大学学报》2022年第1期。

[②] 参见康雷闪、龚晓敏：《因应自动驾驶的交强险：制度审视与优化》，载《南方金融》2023年第6期。

第三，车内人员寻求其他救济并不容易。首先，虽然在车（甲车）与车（乙车）相碰的情况下，甲方自动驾驶汽车的交强险可以为乙方车内人员提供保障，乙方自动驾驶汽车的交强险可以为甲方车内人员提供保障，但仍然存在没有碰撞车辆或者碰撞车辆没有投保交强险的情形，在这种情形下，受害人的权益就无法得到保险的及时救济。其次，如果交强险不对车内人员进行救济，那么车内人员要么通过商业险中的车内人员险寻求救济，要么通过主张产品责任向生产者一方追偿。就车内人员险而言，其属于商业险的一种，是由自动驾驶汽车的所有人或者管理人自愿选择购买的，他们可能购买，也可能不购买。对于所有人或者管理人来说，如果因为没有购买车内人员险而无法获得赔偿，尚且可以理解为自担风险，但对于车内其他乘客而言，则是他们无法控制的事情。与此同时，车内人员想要通过产品责任向生产者一方主张赔偿更是难上加难，要举证自动驾驶汽车存在产品缺陷以及因果关系，这对于车内人员来说几乎是不可能做到的事情。①

（四）责任规则

交强险的适用应当遵循如下规则：

第一，赔偿顺序。在自动驾驶汽车发生事故后，无论机动车一方是否有责任，首先都应适用交强险，保险公司在交强险责任限额予以无责赔偿。

第二，赔偿项目。交强险赔付方式根据赔偿项目可分为概括限额与分项限额模式；依据受害人人数而设定不同的责任限额，赔

---

① 参见冯珏：《自动驾驶汽车致损的民事侵权责任》，载《中国法学》2018 年第 6 期。

付方法又可分为事故限额与受害人限额。将两种分类合并后形成了四种交强险赔付模式：受害人概括限额、受害人分项限额、事故概括限额、事故分项限额。这四种模式对于受害人的综合保障依次降低。而我国现行交强险制度所应用的恰恰为事故分项限额制，这种以事故为限额的受害人保障模式更多的是保险人为管控自己的经营风险而在任意保险中采用的。[①] 在该种模式中，一次事故不管有多少受害人，都在一个责任限额内赔付，保险公司赔付的最高限额不因人数的增加而相应增加。这种做法大大减弱了交强险基础保障的作用。[②] 随着将车内人员纳入救济范围，原本不多的交强险赔偿限额面临进一步稀释的可能。

对此，笔者认为，可以进行如下更新：其一，在延续交强险无责赔偿的属性后，应当将无责赔偿限额的部分摊入其他三项赔偿项目。其二，相较于财产损失，人身损害的赔偿更加紧急，通过交强险填补受害人的财产损失将在极大程度上挤占本就不高的人身损害保障份额，也直接影响投保人的保费负担和投保率，因此应当扩大人身损害保障份额，缩小财产损失保障份额，甚至直接取消财产损失保障，由当事人通过商业险来解决财产损失的问题。其三，有观点认为，车内人员的赔偿损失范围限于人身伤亡损失，以便更多地救济车外第三人。[③] 对此，笔者认为，在去掉财产损失保障份额后，交强险只剩下死亡伤残赔偿限额与医疗费用赔偿限额两项，基于上文论述的车内人员与车外人员同样的弱势地位，没有必要对二者进

---

① 参见马宁：《中国交强险立法的完善：保险模式选择与规范调适》，载《清华法学》2019 年第 5 期。

② 参见韩长印：《我国交强险立法定位问题研究》，载《中国法学》2012 年第 5 期。

③ 参见于海纯、吴秀：《自动驾驶汽车交通事故责任强制保险制度研究——一元投保主体下之二元赔付体系》，载《保险研究》2020 年第 8 期。

行区分，两者应当一视同仁。其四，从发挥交强险基础保障作用出发，最优的办法是彻底取消分项限额制度，将现行事故分项限额制度调整为受害人分项限额制度，或者至少应当将医疗费用赔偿限额大幅提高，以真正解决受害人的救济。① 事故分项限额制的设立有违交强险的立法宗旨，尤其在自动驾驶汽车致害中，其对受害人的救济能力受到进一步削弱。将交强险的赔付方式调整为受害人分项限额制，可以有效兼顾受害人权益保障与保险人经营风险管控，实现立法宗旨与现实应用的统一。

（五）豁免事由

现行交强险存在豁免事由，包括绝对豁免事由和相对豁免事由，应当根据自动驾驶汽车的技术特征予以更新。

第一，绝对豁免事由。根据《机动车交通事故责任强制保险条例》第 21 条规定，如果道路交通事故的损失是由受害人故意造成的，保险公司不予赔偿。这一点对于自动驾驶汽车也应继续适用，如此可以最大程度避免"碰瓷"等道德风险的发生。

第二，相对豁免事由。《机动车交通事故责任强制保险条例》第 22 条规定："有下列情形之一的，保险公司在机动车交通事故责任强制保险责任限额范围内垫付抢救费用，并有权向致害人追偿：（一）驾驶人未取得驾驶资格或者醉酒的；（二）被保险机动车被盗抢期间肇事的；（三）被保险人故意制造道路交通事故的。有前款所列情形之一，发生道路交通事故的，造成受害人的财产损失，保险公司不承担赔偿责任。"对此，学界存在不同看法。一种观点认为，本条实际上完全免除了保险公司的赔偿责任，保险公司只是

---

① 参见程啸：《侵权责任法（第三版）》，法律出版社 2021 年版，第 626 页。

承担垫付抢救费用的责任。另一种观点则认为，保险公司仍然需要对人身伤亡承担保险赔偿责任。[1]对此，《道路交通事故损害赔偿司法解释》第15条采纳了第二种观点，这意味着上述理由仅为保险公司的相对豁免理由，必须先行承担保险责任，再向被保险人追偿。

自动驾驶汽车应用后，因驾驶人的缺失，上述部分免责事由失去了生存土壤，需要予以更新。首先，对于被保险人故意制造交通事故的情况，例如被保险人有意不履行接管义务或干扰自动驾驶系统运行，应继续适用现行规定。为此，可参考英国《自动化与电动化汽车法案》第4条，并增加一项豁免事由：若交通事故是因被保险人违反保单规定更改软件或未及时安装关键软件更新所致，则在承担赔偿责任后，保险公司有权向被保险人追偿。其次，在机动车遭盗抢期间发生肇事的情况下也应继续适用现行规定，这属于广义的第三方原因。针对自动驾驶汽车，还需扩展第三方原因适用范围，包括黑客入侵、网络劫持和产品缺陷等。再次，在驾驶者未取得驾驶员资格或醉酒等情形下需要结合自动驾驶汽车智能化等级具体分析。如果自动驾驶汽车达到L4级别或L5级别，则原驾驶者将完全转变为乘客角色且无需承担接管责任，因此无需像传统汽车那样获得驾照，并且喝酒、睡觉和娱乐等行为都应视为合法行为而不成为豁免理由。然而，在L3级别的自动驾驶中根据国家标准《汽车驾驶自动化分级》规定，用户处于备用接管员角色，在紧急情况下需要接管控制权，因此仍须获得合法许可证，并不能出现影响接管能力的醉酒等情形。基于以上理由，该类情形仍可作为豁免理由使用。最后，除传统豁免事由外，自动驾驶汽车所带来的新情形也

---

[1] 参见程啸：《侵权责任法（第三版）》，法律出版社2021年版，第626—627页。

应当予以考量。在交强险制度将车内人员纳入赔偿范围后，针对车内人员所做出的干扰自动驾驶车辆正常行驶行为，如破坏车辆运行设施、高速行驶时开车门等影响车辆行驶等行为，也应当作为保险公司的相对豁免事由，由保险公司先行赔付后向相关责任人追偿。

二、机动车商业险的更新

交强险为受害人提供的仅是最低限度的保障，因此机动车商业险对进一步保护受害人的权益并分散风险具有重要作用。

（一）投保主体

现有机动车商业险的投保主体与交强险保持同步，仍然是机动车所有人或者管理人，主要目的是减轻机动车一方的赔偿责任，利用责任保险机制分散风险。在自动驾驶汽车到来后，所有人或者管理人仍然有投保机动车商业险的动力。

首先，自动驾驶汽车与传统汽车具有延续性。未来的自动驾驶汽车可以同时拥有自动和手动两种驾驶模式，这意味着它们仍然保留了传统汽车的特点。因此，所有人或管理者仍然会有购买机动车商业险的需求。

其次，机动车商业险能够满足各种需求。交强险只是解决基本救济问题，并不能满足其他投保需求。正如前文所述，机动车商业险包括基本险和附加险两部分。其中，基本险包括三个独立的保障类型，而附加险则包括 11 种类型。这些不同类型的保障可以满足自动驾驶汽车所有人或管理者各种需求。例如，机动车损失险主要承保机动车遭受的损失，在自动驾驶汽车中同样适用。考虑到自动驾驶汽车更昂贵，所有人或管理者购买该项保障的意愿将更为强烈。

最后，机动车商业险能够增强所有人或管理者的责任承担能力。尽管自动驾驶汽车普及后，所有人或管理者不再亲自参与车辆驾驶行为，但他们仍需要对事故造成的伤害承担一定责任。考虑到所有人或者管理者因为保有自动驾驶汽车而享有的利益，不排除承担无过错责任的可能。[①] 即使考虑到生产者一方的存在，所有人或者管理者也可能需要首先对受害人承担赔偿责任，此后再向生产者一方追偿。而在所有人或者管理者等车内人员因为自动驾驶汽车受到损害的情形下，由于没有碰撞车辆的存在，相较于通过产品责任向生产者一方寻求救济，通过购买商业险的方式来获得赔偿的方法可能更加务实。

（二）保险规则

考虑到自动驾驶汽车的技术特征，现行机动车商业险规则需要作出适当调整。

第一，保险内容。现有机动车商业险项目是建立在传统汽车的产品性能和使用习惯上的，需要考虑自动驾驶汽车的一些新特征。相较于传统汽车对于物理安全的关注，自动驾驶汽车带来了新的安全风险，诸如网络安全、数据安全、软件升级等方面的保险需求将会增加。对此，2016 年 6 月，英国 Adrian flux 公司针对自动驾驶

[①] 当前，许多学者都提出让所有人一方承担无过错责任。参见冯珏：《自动驾驶汽车致损的民事侵权责任》，载《中国法学》2018 年第 6 期；郑志峰：《自动驾驶汽车交通事故责任的立法论与解释论——以民法典相关内容为视角》，载《东方法学》2021 年第 3 期；殷秋实：《智能汽车的侵权法问题与应对》，载《法律科学（西北政法大学学报）》2018 年第 5 期。

汽车推出的保险项目就充分考虑自动驾驶汽车的技术特征,有许多专属于自动驾驶汽车的保险条款:一些系统的更新或者安全补丁,如自动驾驶系统、防火墙、数字地图等在用户被通知的 24 小时内没有成功安装时;发生了无卫星信号 / 信号故障造成导航系统失效或者整车操作系统软件异常时;当在防止碰撞系统、操作系统或者导航系统发生故障,需要人为干预而没有及时干预时;车辆遭到黑客攻击时。[①] 这些都是自动驾驶汽车配套机动车商业险需要考虑的内容。

　　第二,保费模式。传统机动车商业险的保费主要取决于驾驶人的个人风险,包括驾驶人的性别和年龄、车辆的使用性质、车辆行驶区域等方面。而自动驾驶汽车在解放人类驾驶员的同时,也去除了驾驶人个人风险的影响,传统的驾驶人风险评估因素,如年龄、性别等将不再适用。与此同时,未来的自动驾驶汽车,在法律授权的前提下,通过监听、生物识别以及远程信息处理等技术,用户在车内睡觉、脱离方向盘、超速等信息都将被记录在线。基于此,有观点认为,传统年度保费模式(Annual Premiums)可能会向实时保险模式(Real-Time Insurance)转变,即通过人工智能精准针对个体每一次用车风险进行保险。对此,我们可以想象,当你醉醺醺地坐上车,汽车会立刻发出警报:"我们探测到您已喝醉。在行驶过程中,通常不需要您提供驾驶援助,但紧急情况下除外。如果您想现在用车的话,那么接下来 12 小时内或到达目的地之前,您的保费将增加到每小时 2 美元。如果接受,请您按下确认键。"同样,当出现周末开车时间过长、交通拥堵、高速行驶、在陌生社区停车

[①] 参见柴占祥、聂天心、[德] Jan Becker 编著:《自动驾驶改变未来》,机械工业出版社 2017 年版,第 149 页。

等情形时，类似的警报都会响起。因此，未来自动驾驶汽车的保险模式很可能是基于微观风险，具体到每小时或每公里的收费①。一旦车辆进入犯罪率较高的地区，保险费用就会上升。②当然，出于延续现行机动车商业险模式以及便捷程度的考虑，所有人或者管理人也完全可以继续适用年度保费模式。

　　第三，保险责任。对于机动车商业险的具体承担，我们要结合两种情形以具体分析：其一，自动驾驶汽车造成第三人损害的情形，这种情形涉及机动车商业险中的商业第三者责任险与交强险的适用问题。根据《民法典》第1213条规定："机动车发生交通事故造成损害，属于该机动车一方责任的，先由承保机动车强制保险的保险人在强制保险责任限额范围内予以赔偿；不足部分，由承保机动车商业保险的保险人按照保险合同的约定予以赔偿；仍然不足或者没有投保机动车商业保险的，由侵权人赔偿。"需要说明的是，商业第三者责任险并非政策性保险，主要目的是减轻机动车所有人或者管理人的赔偿责任。故此，商业第三者责任险属于有责赔偿，其适用逻辑是有侵权责任才有保险责任，即其适用前提是确定机动车一方的赔偿责任。笔者认为该模式在自动驾驶时代依然可以沿用。其二，自动驾驶汽车造成车内人员损害、车辆财产损失等，此时需要适用机动车商业险中的机动车损失险、车上人员责任险以及附加险。与商业第三者责任险不同，机动车损失险、车上人员责任险以及附加险实行的是无责赔付，即无需首先确定机动车一方的责任，只要自动驾驶汽车出现损失、车上人员受伤等条件出现，保险

---

① 当然，这会引发隐私忧虑问题以及保险伦理正当性的争论。See Patrick Lin, No, Self-Driving Cars Won't Kill the Insurance Industry, Forbes, Apr. 25, 2016。

② 参见［德］马里奥·赫格尔：《未来驾驶》，屈丽、王化娟译，电子工业出版社2020年版，第261页。

公司就应当予以赔付。①在未来，若交强险保险对象范围扩张至车内人员时，此时车上人员责任险起到的是与商业第三者责任险相同的补充作用，即首先应当适用交强险，不足部分再补充适用车上人员责任险。

第四，责任豁免。在豁免事由上，机动车商业险与交强险是一样的。但相较于传统汽车，在具体追偿上自动驾驶汽车有如下几点需要注意：其一，生产者一方的责任。考虑到自动驾驶汽车使人类驾驶人的角色逐渐消失，事故的发生多是因为自动驾驶汽车产品本身故障的这一现象，保险公司在承担保险责任后，向生产者一方追偿将成为一种常态。其二，保有使用人或运营商一方对自动驾驶汽车缺乏必要的保养与维护。虽然使用人一方无需实际操控自动驾驶汽车，但仍负有维护和保养义务。②这点在 2021 年德国《自动驾驶法》中也得以体现。如果自动驾驶汽车发出维修警示或安全攸关的软件更新提示，而使用人或运营商一方置之不理的，那么由此引发的交通事故所造成的损失，理应由使用人一方承担。同时，使用人对自动驾驶汽车的不当使用，也会使自己成为保险公司追偿的对象，如在不满足设计运行条件时强行开启自动驾驶模式，导致交通事故发生，那么理当由使用人承担责任。③此外，使用人故意干扰或者更改自动驾驶系统，也需要承担赔偿责任。其三，其他原因。自动驾驶汽车的交通事故还可能是由第三人行为、受害人故意等原因造成，特

---

① 参见北京市第一中级人民法院（2015）一中民（商）终字第 4317 号民事判决书、广东省广州市中级人民法院（2010）穗中法民二终字第 61 号民事判决书、浙江省宁波市海曙区人民法院（2011）甬海商初字第 659 号民事判决书等。

② See Ujjayini Bose, The Black Box Solution to Autonomous Liability, 92 Wash. U. L. Rev. 1325, 2014, p. 1338.

③ See Gary E. Marchant, The Coming Collision Between Autonomous Vehicles and the Liability System, 52 Santa Clara Law Review 1321, 2012, p. 1327.

别是第三人非法入侵自动驾驶系统的情形将逐渐增多。[1] 对于受害人故意的情形，保险公司可以豁免赔偿责任。对于第三人原因造成的事故，保险公司在承担赔偿责任后，可以向第三人追偿。

（三）产品责任险的引入

在实践中，机动车所有人或管理人通常在被强制要求购买交强险的同时，也会多购买任意性的商业三责险。完成投保后，机动车责任保险人将代替机动车所有人向受害人先行承担机动车交通事故责任，而后在赔偿金额范围内，可代为行使被保险人对自动驾驶汽车生产商请求产品损害赔偿的权利。至此，自动驾驶汽车的致损风险将转移至机动车责任保险的保险人与自动驾驶汽车制造商产品责任保险的保险人之间的博弈，该止损风险也被终局性地加以分配。以此为前提，立法应对自动驾驶汽车的产品责任规范与产品责任保险的规则作出适度调适，以保证此种终局性分配结果契合公共政策的要求。

1. 正当依据

机动车产品责任险，是指由于机动车存在产品缺陷，造成使用该产品的人或第三者人身损害或财产损失，依据法律应由被保险人承担赔偿责任，经被保险人在保险期限内提出赔偿请求时，保险公司根据保险单的规定，在约定的赔偿限额内予以赔偿。[2] 对于自动驾驶汽车来说，生产者一方购买产品责任险，有助于分散责任风险，救济受害人。

---

[1] See Alexa Liautaud, Autonomous Car Era Brings Risk of Hijacking by Hackers, Automotive News, Sept. 4, 2014.

[2] 参见王鹳峰、栾群：《完善自动驾驶汽车上路致损保险法律制度》，载《中国信息化周报》2020 年 7 月 13 日，第 16 版。

第一，符合自动驾驶汽车的技术特征。基于弱人工智能的时代背景，笔者支持由机动车所有人或管理人购买交强险及相关交强险，但这并不意味着生产商一方不需要承担任何保险责任。随着自动驾驶技术的升级，人类驾驶行为的存在空间将被无限压缩，趋近于零，因此完全由使用人一方为责任买单的正当性受到质疑。在未来，事故责任很可能会绕过使用人，归于生产者一方。如果责任的重担绕开了人类司机，落到了自动驾驶汽车的头上，那么保险公司将不得不改变赔偿成本的结构。在这种背景下，投保主体将逐渐由车主转变为生产者一方。① 在赔偿责任日益向生产者一方转移之际，鼓励生产者购买产品责任险是顺应自动驾驶汽车发展趋势的务实做法。

第二，符合自动驾驶汽车生产商利益。与交强险不同，在大多数情况下法律并未强制要求企业购买产品责任险。有观点认为基于严格产品责任设计保险会导致生产者需要支付较高保费，并且保险公司也未必愿意提供此类保险，这对于交通事故受害人获得充分保障是不利的。② 然而笔者认为产品责任险旨在减轻企业承担产品责任所带来的压力，考虑到自动驾驶汽车运行机制以及造成交通事故绝大多数原因是产品缺陷等因素，购买产品责任险显然对生产者来说是具备吸引力的。同时，通过风险计算和成本覆盖，保险公司完全可以规避风险并满足市场需求。实践证明，购买该类型保单已经成为趋势。例如，当前各国法律法规都要求企业为进行道路测试的自动驾驶汽车购买保险，其本质就是通过责任保险为产品质量提供担保。这种方法是很有前瞻性的，其适用范围不仅是正在道路测试

---

① 参见杨宽、陆盛赟：《无人驾驶》，化学工业出版社 2022 年版，第 202 页。
② 参见邢海宝：《智能汽车对保险的影响：挑战与回应》，载《法律科学（西北政法大学学报）》2019 年第 6 期。

的自动驾驶车辆，还应扩大至自动驾驶汽车整体产业。[①] 在自动驾驶汽车大规模商业化落地后，也可以延续这一方法，由生产者一方承担更多的投保义务，购买产品责任险。

第三，不会产生道德风险。有观点认为，保险事故的发生概率很大程度上取决于车辆所有人的行为水平与行为方式，即汽车所有人（机动车责任保险的被保险人），而非制造商（产品责任保险的被保险人）控制着行为方式。产品责任险的存在可能会引发道德风险，鼓励个体出现更为鲁莽的驾驶行为，从而导致更多交通事故。[②] 然而，在笔者看来，产品责任险并非要替代机动车一方购买的交强险与机动车商业险，两者并不矛盾。自动驾驶汽车安全既依赖于机动车一方使用行为，也需要依靠生产者对产品质量进行保障，甚至后者更加重要。因此，在强制和鼓励机动车一方购买交强险与机动车商业险之时，鼓励生产者一方购买产品责任险是合理且妥当的做法，并不会诱发机动车一方在使用自动驾驶汽车时采取鲁莽行为所带来的道德风险。

第四，存在可行方式来解决自动驾驶汽车产品责任的证立难题。自动驾驶汽车制造商的产品责任主要源于车辆硬件上的缺陷或自动驾驶系统的设计缺陷，对于车辆硬件上的产品缺陷而言，基于现有制度便能很好地予以证成，但就自动驾驶系统的设计缺陷的判断难题而言，现有制度并不能提供很好的解决路径。针对现行制度在这方面的缺失，自动驾驶行为的系统性为问题的解决提供了新的

---

① 参见［德］马库斯·毛雷尔、［美］J. 克里斯琴·格迪斯、［德］芭芭拉·伦茨、［德］赫尔曼·温纳主编：《自动驾驶：技术、法规与社会》，白杰、黄李波、白静华译，机械工业出版社 2021 年版，第 454 页。

② 参见马宁：《因应自动驾驶汽车致损风险的保险机制》，载《华东政法大学学报》2022 年第 1 期。

思路。一般认为，传统汽车的驾驶行为是个性化的，每辆车的碰撞风险基本取决于驾驶员的行为，而自动驾驶汽车却在相当程度内把这种个性化的驾驶行为转变为一种系统化的形式：具有相同驾驶系统的每一辆汽车都将以相同方式执行驾驶任务。自动驾驶系统通常使用机器学习算法，通过分析安全驾驶的示例进行驱动，并自动从这些示例中归纳出构成有效驾驶的核心模式[①]，而具有相同驾驶系统的所有车辆的驾驶数据通过其智能网联体系以汇聚、统计。随着实际行驶里程的增加，系统决策逻辑将涵盖越来越罕见的事件，持续调整并优化其驾驶模式，不断降低事故的发生概率。这意味着，在全面安全标准确立之前，可要求单一制造商将自身通过上市前测试汇总的同一驾驶系统下的驾驶数据，与监管机构初步设定并持续调整的测试要求，如最低测试驾驶里程等进行比较，以初步证明其满足了以合理安全的方式设计汽车（自动驾驶系统）的义务。例如《上海市浦东新区促进无驾驶人智能网联汽车创新应用规定》便规定，在自动驾驶汽车应用的各个阶段均需要生产商向政府提供安全性自我声明以自证其产品的可靠性。原告则可通过举证证明符合前述标准的自动驾驶汽车仍然存在不合理的危险——因为标准本身可能不够严格或足够严格的标准存在全面性问题——而要求法院最终确定制造商的产品责任。[②] 英格兰与苏格兰法律委员会在 2020 年 12 月发布的《自动驾驶汽车：监管框架咨询报告 3》中[③]，一方面将

[①] See Mark A. Geistfeld, "A Roadmap for Autonomous Vehicles: State Tort Liability, Automobile Insurance, and Federal Safety Regulation", 105 California Law Review 1611, 1612–1613（2017）.

[②] 参见马宁：《因应自动驾驶汽车致损风险的保险机制》，载《华东政法大学学报》2022 年第 1 期。

[③] See Law Commission（Consultation Paper No. 252）and Scottish Law Commission（Discussion Paper No. 171），Automated Vehicles: Consultation Paper 3—A Regulatory Framework for Automated Vehicles, 2020, pp. 61–62.

此方法作为选项之一征求各方意见，另一方面也明确划定了自动驾驶汽车的安全性无论如何不能低于普通人类驾驶者的最低标准。

2. 保险规则

对于自动驾驶汽车产品责任险的适用，可以遵循如下规则：

第一，保险性质。一方面，我们要明确产品责任险并非强制保险，应当被归为商业险一类，生产者一方可以自由选择是否购买产品责任险。这给了企业极大的自主性，可以根据自动驾驶技术的成熟度来调整产品责任险的购买意愿。另一方面，产品责任险属于有责赔偿保险，其适用前提是生产者一方需要承担产品责任，这与交强险不同。产品责任险的目的是对产品缺陷造成的损害进行承保，缓解生产者一方的诉讼和赔偿压力，同时更好地救济事故受害人。

第二，投保主体。自动驾驶汽车涉及成千上万的零部件，是现代工业文明的集大成者。从理论上看，每一项自动驾驶细分技术都可能是造成车祸事故的直接原因。那么，究竟是由最后组装出售的厂商统一购买产品责任险，还是由提供各个部分技术的制造商分别购买？[①] 考虑到对每项技术进行严格细分不太现实，理当由作为整车生产者的企业统一承担产品责任和购买产品责任险，当保险赔付后，再向故障技术部分的制造商予以追偿。与此同时，根据《民法典》规定，产品责任的主体包括生产者和销售者，两者需要对外承担连带责任。对于生产者来说，其需要保障自动驾驶汽车的产品质量，对于因产品缺陷引发的损害，需要承担无过错的产品责任。故此，生产者是购买产品责任险的主力。至于销售者，虽然对外需与生产者共同承担产品责任，但内部承担的仍然是过错责任。在没有

---

① 参见许闲：《自动驾驶汽车与汽车保险：市场挑战、重构与应对》，载《湖南社会科学》2019 年第 5 期。

过错的情况下，销售者承担产品责任后可以向生产者追偿。故此，销售者可能不具有较强动力去购买产品责任险。

第三，责任规则。对于自动驾驶汽车引发的事故，首先应当适用无责赔偿的交强险，在交强险保险数额内予以赔偿。不足部分，再适用机动车商业险。如果还有剩余部分，则需要由机动车一方承担赔偿责任。在保险公司以及机动车一方承担赔偿责任后，可以向对事故发生负有责任的主体进行追偿。其中，概率最高的应当是自动驾驶汽车的生产者。生产者一方为了减轻赔偿责任，可以选择购买产品责任险。如此一来，保险公司以及机动车一方只需要向承保产品责任险的保险公司进行追偿，无需直接向生产者追偿。对此，可以考虑引入赔偿限额规则，即一边降低产品责任险的适用门槛，提高机动车一方追偿的可能性，一边限制机动车一方的赔偿限额以及诉权，以实现各方利益的平衡。当然，如果生产者没有购买产品责任险，那么保险公司有权直接向生产者追偿。

第四，除外责任。如前文所述，产品责任险是典型的商业保险。法院在处理涉此类产品的纠纷时，应秉持与处理交强险有别的理念与方法，尊重意思自治，特别是应允许当事人就风险分配作出个性化的安排，允许将部分自动驾驶背景下的特殊风险纳入除外责任，这包括但不限于以下三点：其一，被保险人违反条款约定，更改或允许他人更改驾驶系统，或未能及时安装重要的系统更新从而引发事故；未能安装的系统更新应为直接关乎车辆安全性能的关键更新，且此情形须为被保险人明知或应知。这类条款有助于防范道德风险，发挥保险机制的风险防范与削减功效。其二，自动驾驶系统遭第三方网络攻击所引发的事故。此类风险要么缺乏可靠的经验数据而无法精准预测发生概率——虽然自动驾驶汽车的系统化驾驶行为和因此产生的在先经验数据可用以衡量车辆安全性能，但先前黑客攻击的发生概率却无法可靠地预测未来攻击概率与损害程度——或因为不具有独立性或所造成的损害程度远超保险人的承受范围，因而被视为商业不可保风险。这类风险主要通过可获得外部资金支持的政策性保险或再保险机制加以分散。其三，企业兼并风险与制造商对经销商的连带责任风险等。这两类风险既非绝对不可保风险，又非优质可保风险，能否精准评估与有效控制取决于保险人的个体能力，因而宜由保险人视具体情形决定是否承保。①

当前，自动驾驶汽车行业正处于大规模商业化落地的前夕，为自动驾驶汽车配备适当的责任保险规则至关重要，事关行业健康发展与受害人的救济。面对自动驾驶汽车提出的挑战，有必要更新现有的交强险与机动车商业险，同时引入产品责任险，形成多层次的责任保险机制。从长远发展来看，随着自动驾驶汽车安全性的日益提升，所有人或者管理人购买责任保险的动力将会逐渐减弱，生产者一方购买产品责任险的趋势会不断增强。只有将责任保险与侵权责任的更新有效结合，在机制上互相契合，才能高效地控制自动驾驶汽车爆发潜在风险，保护人民的合法权益，为自动驾驶产业发展奠定坚实的法律基础。

---

① 参见马宁：《因应自动驾驶汽车致损风险的保险机制》，载《华东政法大学学报》2022年第1期。

后　记

　　摆在读者面前的这本书，可能是国内较早出版的专门讨论高级别自动驾驶汽车法律责任的书籍。这本书的写作缘起于百度公司与同济大学的合作。

　　时值 2022 年，北京正式发放无人化载人许可证，北京成为全球范围内第一个开放无人驾驶的世界级城市，2022 年 7 月初武汉和重庆分别开放了萝卜快跑的全无人自动驾驶商业化运营。研发始于 2013 年的百度无人车落地开花，自动驾驶真正进入"无人之境"。但是，无人车的普及仍面临"四不一难"的问题，即无人车不能入市、不能上牌、不能去掉安全员、不能运营、事故责任难以认定。百度渴求制度的创新、支持科技的创新。在这一背景下，百度公司与同济大学组织了一次关于自动驾驶法律的研讨会，在这次会议上，上海市人大、上海市公安局、百度公司，以及同济大学交通学院、汽车学院和法学院的专家们均进行了发言交流。在这次会议上，百度公司看到了同济大学在交通、汽车和法律研究方面的深厚积累，也看到了同济大学内部交叉研究的实力与成熟经验，因此形成了与同济大学共同开展法律责任课题的意愿。后来，与会的上海师范大学张玉海、上海自主智能无人系统科学中心朱忠攀、同济大学法学院张韬略、同济大学法学院苏苗罕都成为课题组的成员，分别对自动驾驶的商业模式、技术特征、德国法考察与美国法考察等作了系统的研究。报告中问题的提出与责任制度的具体构建部分主要由陈吉栋团队完成，团队主要撰写人是当时在福州大学读书的彭建，当时在同济大学读书的陈玉英、刘其瑶和新疆大学李大容等同学也有参与；百度公司的吴琼、宋德王和陈晨对自动驾驶技术、商业模式和政策内容提供了宝贵的意见。这个报告获得了国家智能社会综合实验基地（上海杨浦）的认可，最终在 2023 年的世界人工智能大会智能社会论坛上进行发布，报告面向全社会公开并被多家媒体报道。

　　近年来，关于自动驾驶的立法呼声较高。如何引导规范自动驾驶健康发展，解决好其上路应用与安全监管问题，考验着立法者的智慧。我们对于自动驾驶问题的关注和研究开展较早，参与立法研究工作始于 2020 年参与上海市人工智能立法的研究课题。2020 年 10 月，我与张韬略教授作为学者代表参加了工业和信息化部、公安部、交通运输部在上海召开的关于《智能网联汽车道路测试管理规范（试行）》征求意见座谈会。后来，我们受托为《上海市浦东新区促进无驾驶人智能网联汽车创新应用规定（草案）》提出立法建议，该规定实施后，我们接受委托完成了《上海市浦东新区促进无驾驶人智能网联汽车创新应用规定》立法后评估工作。此外，我们还参加了一些国家和地方的研讨活动，在公安部道路交通安全研究中心的活动上了解了各地公安部门的思考意见。这些经历让我们有足够的机会反思报告内容，也使我们认识到国内还缺乏一本结构清晰、内容精确，专门介绍智能网联汽车法律责任的书籍。于是，我提议把报告内容扩充后出版，这一提议获得了百度公司吴梦漪女士的支持，最终百度公司同意支持该报告的出版。此后，百度公司与我们进行了数次内部讨论和沙龙研讨，在延续报告基本分工的基础上，我们先后邀请上海市高级人民法院潘庸鲁、西南政法大学郑志峰、华东师范大学徐文海（当时在同济工作）分别补充了刑事责任、保险与日本法的考察等部分，百度团队李弘、刘维、张胜男、王莹担纲增加了对于英国自动驾驶法案的最新内容，终于形成了本书的雏形。吴梦漪女士亲自组织团队对全书进行了数次全面的校对与修改，最终形成了摆在读者面前的这本书。

不过，全书内容虽几经扩展，但最初的设计并未改变，即对于法律责任的讨论，应该结合技术特征与商业模式。我们也需要坦诚，技术在进步，商业模式也在不断的更新，我们本身的知识仍有局限，因此我们期待得到读者朋友们的指正。

在合作的这两年里，我们看到国家和地方不断推出新的试点政策，积极推动智能网联汽车准入和上路通行试点、商业化试点等去解决自动驾驶发展"四不一难"的问题，我们相信未来制度设计会有更大的进步。我们将这一集体成果放在大家面前，期待本书配得上"资料精准、逻辑清晰、促进思考、增进共识"的评价。养成对于智能驾驶及更为广义上的人工智能的科学的法治认知，这不仅是我们进行跨学科研究的初心与追求，也是人工智能产业发展的需要，放眼未来，这也构成了新时期智慧法治建设最根本的保障。

历时近三年，其间人事多有变化，我们感恩本书所有的作者、读者和审校专家。参与本书编写工作的成员如下（按姓氏拼音排序）：陈晨（百度自动驾驶业务部）、陈玉英（上海外国语大学贤达经济人文学院）、干璐婷（上海大学法学院）、李大容（上海市人工智能社会治理协同创新中心研究员助理）、李弘（百度交易及合规法律部）、刘其瑶（同济大学法学院）、刘维（百度交易及合规法律部）、潘庸鲁（上海市高级人民法院）、彭建（福州大学法学院）、宋德王（百度自动驾驶业务部）、苏苗罕（同济大学法学院）、王莹

（百度交易及合规法律部）、吴琼（百度自动驾驶业务部）、徐文海（华东师范大学法学院）、张胜男（百度交易及合规法律部）、张韬略（同济大学法学院）、张玉海（上海师范大学哲学与法政学院）、郑志峰（西南政法大学民商法学院）、朱忠攀（同济大学上海自主智能无人系统科学中心）。我们感恩所有人的辛劳付出与精诚合作。不过，本书仅是作者团队的学术见解，不代表我们所在单位的看法，特此声明。

感谢上海人民出版社的张晓玲总监、冯静编辑、宋子莹编辑一直以来的积极协作；感谢同济大学文科办主任刘淑妍教授和同济大学经济与管理学院施骞教授的策划和支持，使得本书得以成为智能社会治理丛书中的一本；最后我们还要感谢为自动驾驶技术、产业和法治建设而努力的所有朋友，是你们不停歇的实践探索为我们谱写出智能网联汽车乃至数字交通的宏伟华章。

陈吉栋　吴梦漪

2024 年 7 月

图书在版编目(CIP)数据

高级别自动驾驶汽车法律责任研究 / 陈吉栋等著.
上海：上海人民出版社，2024. --(智能社会治理丛书) /
刘淑妍，施骞，陈吉栋主编). -- ISBN 978-7-208
-19005-4

Ⅰ. D922.174
中国国家版本馆 CIP 数据核字第 2024FH1288 号

责任编辑　冯　静　宋子莹
封面设计　孙　康

智能社会治理丛书
高级别自动驾驶汽车法律责任研究
陈吉栋　吴梦漪　等　著

出　　　版　上海人民出版社
　　　　　　（201101　上海市闵行区号景路 159 弄 C 座）
发　　　行　上海人民出版社发行中心
印　　　刷　上海商务联西印刷有限公司
开　　　本　635×965　1/16
印　　　张　13.5
插　　　页　4
字　　　数　160,000
版　　　次　2024 年 8 月第 1 版
印　　　次　2024 年 8 月第 1 次印刷
ISBN 978 - 7 - 208 - 19005 - 4/D · 4353
定　　　价　66.00 元